Herausgeber und Redaktion:
Wolfgang Nafroth, nafroth.com pr + kommunikationsberatung, Verden

Herstellung und Verlag:
Books on Demand GmbH, Norderstedt

Layout/Satz:
Grit Steckmann, nafroth.com pr + kommunikationsberatung

ISBN: 978-3-8391-8387-8

Bibliografische Information der Deutschen Nationalbibliothek:
Die Deutsche Nationalbibliothek verzeichnet diese Publikation
in der Deutschen Nationalbibliografie; detaillierte bibliografische
Daten sind im Internet über http://dnb.d-nb.de abrufbar

Inhalt

Vorbemerkung

Öffentlichkeitsarbeit ist nicht nur ein Randgebiet gewerkschaftlicher Arbeit. Sie kann ihr oft den richtigen Pfiff geben, denn in der Mediengesellschaft Politik zu gestalten, das heißt heute immer auch, ihre Kommunikation zu organisieren.

Dass das aber auch Spaß machen kann und überaus leicht umsetzbar ist, das will dieses Heft zeigen.
Es regt zu kommunikativeren Veranstaltungen, inhaltlich anspruchsvollen und anschaulichen Aktionen, zu einfachen und wirksamen Medienideen an. Und wem alles das noch nicht reicht, der und die kann sich jederzeit mit Fragen und Erfahrungen an uns wenden.

Verden, 2010
Wolfgang Nafroth

Themen zum Thema machen

■ ■ ■ ■ ■ ■ ■ ■ ■ ■ ■ ■ ■

1.0 Es gibt doch nun schon so viel zu tun – Jetzt auch noch Öffentlichkeitsarbeit und Kampagnen vor Ort gestalten?

■ ■ ■ ■ ■

1.1 Was ist Öffentlichkeitsarbeit?

■ ■ ■ ■ ■

Die Älteren unter uns werden mit Public Relations und Öffentlichkeitsarbeit zunächst Propaganda, andere sogar nur Manipulation verbinden, wieder andere werden diese Begriffe auf reine Verkaufsstrategien reduzieren wollen. Man spricht dann schnell von „Reklame" oder von „Werbung" und glaubt mit diesen Begriffen auch eine politische, systematische und durchdachte Öffentlichkeitsarbeit erfassen zu können.

Es scheint vielen fast schon verwerflich, in der politischen und gewerkschaftlichen Arbeit Techniken einer strategisch geplanten Öffentlichkeitsarbeit ganz alltäglich einzusetzen, nur in Kampagnen und dem-

„Öffentlichkeitsarbeit ist das bewusste, geplante und dauernde Bemühen, gegenseitiges Verständnis und Vertrauen in der Öffentlichkeit aufzubauen und zu pflegen."

■ ■ ■ ■ ■ ■ ■

Prof. Dr. A. Oeckl

nach auch in Wahlkämpfen der Parteien scheint es akzeptabel zu sein. Public Relations und Öffentlichkeitsarbeit als eine alltägliche Form notwendiger Kommunikation auch in der politischen Arbeit zu verstehen, fällt vielen in der Politik engagierten Menschen schwer. So wird wohl auch erklärbar, dass die Bürgerinnen und Bürger, Kolleginnen und Kollegen Gewerkschaften oft nur im Zusammenhang mit Tarifverhandlungen wahrnehmen, Parteien nur vor der Wahl („Jetzt kommen sie wieder – muss wohl wieder Wahl sein."). Auch mancher Betriebsrat ist leider zu oft nur rund um die Betriebsratswahl für die Belegschaft inhaltlich wahrnehmbar.

Zu oft neigt man dazu, Öffentlichkeitsarbeit darauf zu reduzieren, nur „Ergebnisse" der Arbeit, also Beschlüsse und Konzepte „nach draußen" zu geben. Sie wird darauf reduziert, Flugblätter zu verteilen, Rundbriefe als Aushang vorzusehen, Medien einzuladen oder mit ein paar Zeilen zu informieren und dann darauf zu hoffen, dass von den eigenen Veranstaltungen „richtig" berichtet wird und der Leserbrief z.B. ungekürzt gedruckt wird.

Aus der Pressemitteilung wird so vom Verständnis her oft schon ein „Druckbefehl". Die zu erwartenden Misserfolge, werden dann auf die „schwierige Medienlandschaft" zurückgeführt und veranlassen sogleich dazu, die eigenen Medienaktivitäten weiter einzuschränken.

Dabei könnten anschauliche Aktivitäten nicht nur bei den Kolleginnen und Kollegen mehr Interesse finden und länger im Gedächtnis haften bleiben, sie wären auch für Medien, die immer mehr auf Bilder angewiesen sind, ein Grund mehr für eine Berichterstattung.

Öffentlichkeitsarbeit fristet als Bestandteil politischen, gewerkschaftlichen Engagements auch vor Ort eher ein Schattendasein, wird zur lästigen Restgröße des eigenen Engagements. Die Praxis ist oft weit davon entfernt, sie als integralen Bestandteil des eigenen Tuns, als selbstverständliche strategische Größe zu begreifen. Zu einem effektiven, motivierenden gewerkschaftlichen, politischen Engagement gehören heute Mut, Geschick, Einsatz und Kenntnisse, aber und vor allem auch die Kommunikationsbereitschaft. Politisches handeln heißt heute immer mehr auch, politische Kommunikation planen und entwerfen, heißt nicht nur an die Inhalte, sondern auch an die öffentliche, kommunikative Umsetzung der Politik zu denken. Politische Strategien ohne Kommunikationsstrategien sind in der modernen Demokratie undenkbar. Wer heute Politik entwirft, muss auch ihre Kommunikation mit einbeziehen.

Wenn es um die Präsenz in Medien geht, helfen Klagen über deren konservative Haltung wenig, zumal sie auch wenig stimmig sind, da der Glaube an die Abbildfunktion von Medien kaum gerechtfertigt ist. Es ist nun einmal so, dass der Leser eines konservativen Boulevardblattes nicht sogleich auch konservativ

„Public Relations sind das Management von Kommunikation von Organisationen mit deren Bezugsgruppen."

▪ ▪ ▪ ▪ ▪ ▪ ▪

James Grunig/Todd Hunt, 1984

und gewerkschaftsfeindlich ist. Die Wirklichkeit wurde nie allein von draußen in die Wohnzimmer der Fernsehzuschauer projiziert. Die Wirklichkeit wird konstruiert und dekonstruiert, wobei hier viele gestalten, die eigene Kreativität und der Einsatz aller möglichen Mittel gefragt ist. „Kecke Ideen als Versuchsballons losgelassen, finden mehr Medienaufmerksamkeit als konzeptionelle Entwürfe von Politik. Die politische Wirklichkeit ist ein Konstrukt der politischen Kommunikation.(...)" Wer gehört werden will, muss Unerhörtes sagen: farbige Sprache, bilderreiche Ausdrücke, Sprechen zum Anfassen gehören dazu, meinen viele. Die Kenntnis davon sollten wir bei unserer Arbeit berücksichtigen.

Öffentlichkeitsarbeit bedarf der

▪ Schaffung von Aktionen/Ereignissen.
▪ Medienarbeit für Presse, Hörfunk, Fernsehen,
▪ Personalen Kommunikation,
▪ PR-Publikationen,
▪ Veranstaltungen,
▪ Audiovisuelle Kommunikation.

Wer öffentlichkeitswirksame Politikgestaltung unterschätzt, nur als Restaufgabe politischen und gewerkschaftlichen Handelns begreift, ist sich der Bedeutung der Instrumente öffentlichkeitswirksamer Arbeit und ihres Einflusses nicht bewusst. Die Berichterstattung in unseren Medien ist in weit größerem Maß als oft vermutet von diesen Instrumenten beeinflusst. Hier bieten sich vielfältige Möglichkeiten, zu informieren, zu diskutieren, zu fragen, ja Themen zu Themen zu machen.

Untersuchungen von Barbara Bearns (schon 1984), aber auch neuere Untersuchungen zeigen, in welchem Maße Tagesnachrichten in Presse, Rundfunk und Fernsehen Produkte von PR-Arbeit sind, einer PR, die Kommunikation will und nicht Information mit Kommunikation verwechselt.

Für unsere gewerkschaftliche Arbeit vor Ort muss das qualitative und quantitative Konsequenzen haben: Es ist eben doch möglich, Themen erst zu *den* Themen zu machen. Man muss es wollen. Man muss es systematisch angehen. Man muss es als Dialog begreifen.

Öffentlichkeitsarbeit ist für die innerbetriebliche und regionale Gewerkschaftsarbeit ein entscheidender Faktor, um

- Ergebnisse des Engagements zu vermitteln, Diskussionen zu entfachen;

- Ein Feedback auf sein Tun zu erhalten, Vertrauen für das Team zu schaffen;

- Kompetenz zu zeigen, Komplizierte Zusammenhänge und Konzepte zu veranschaulichen;

- Für ein persönliches Engagement zu motivieren, Engagement auszustrahlen;

- Transparenz von Entscheidungsprozessen zu ermöglichen;

- den Boden für Entscheidungen zu bereiten.

Professionell wird unsere Öffentlichkeitsarbeit vor Ort, wenn sie

- systematisch geplant ist

Das ist noch nicht mit dem Aufblasen von Luftballons, dem Sommerfest und der Hochglanzbroschüre getan. Es gilt das Ziel, den Zweck, das Problem zu beschreiben und in Beziehung zu setzen mit der Adressatengruppe, möglicherweise einer lokalen Öffentlichkeit (Was weiß man hier schon über...? Was verbindet man dort mit Gewerkschaftern und unseren Forderungen?). Es reicht nicht, noch so attraktive Ereignisse wie Perlen auf eine Kette zu reihen.

- aktiv gestaltet wird

Wo die Kommunikation fehlt, bilden sich leicht Gerüchte. Durch eine aktive Öffentlichkeitsarbeit vermeidet man offensiv ihr Entstehen.

- verständlich ist

Nur wenn unsere Adressaten unsere Sprache, die verwendeten Bilder, die Argumente als solche verstehen und mit ihren Erfahrungen und Meinungen anknüpfen können, kann Kommunikation mit ihnen entstehen und die Botschaft wirksam ankommen.

- sachlich richtig ist

Alle Daten und Fakten der Öffentlichkeitsarbeit müssen korrekt und überprüfbar sein.

▪ glaubwürdig ist

Denn Daten und Fakten reichen allein oft nicht aus: Wichtig sind auch Vertrauen, Glaubwürdigkeit, Sympathie – alles Faktoren, deren Entstehen vor allem gefühlsmäßig gesteuert ist.

▪ problemorientiert ist

Öffentlichkeitsarbeit ist keine „Schönfärberei", sondern ein Austausch, der durchaus kritisch und kontrovers geführt werden kann. Die Inhalte sollten sich hieran orientieren. (Kommunikations-) Probleme, die die Gewerkschaft von den Kolleginnen und Kollegen und aus der Öffentlichkeit aufnimmt müssen angegangen und auf kritische Argumente sachkundig geprüft werden.

▪ offen und transparent gestaltet wird

Informationen sind glaubwürdig, wenn sie offen zur Verfügung gestellt werden und nicht erst auf Druck hin.

▪ inhaltlich abgestimmt ist

Wenn aus allen Kanälen andere Töne zu hören sind, wird dies wenig glaubwürdig wirken. Die Beteiligten sollten sinngemäß gleiche Antworten präsentieren, um keine Verwirrung entstehen zu lassen, die Zweifel aufkommen lässt.

Vgl. Peter Radunszki: Wahlkämpfe. Moderne Wahlkampfführung als politische Kommunikation, München 1980

s. von Alemann, Tönnesmann: Neue Politik in alten Organisationen – Alte Politik in neuen Organisationen. In: POLIS. Arbeitspapiere der Fernuniversität Hagen. Hagen 1993

■ rechtzeitig erfolgt

Informationen, die zu spät eingebracht werden, haben kaum mehr Wirkung. Oft ist eine Information bereits nach 24 Stunden der Schnee von gestern. Schon deshalb bedarf es schneller Entscheidungsabläufe für eine wirksame PR. Gehen alle Öffentlichkeitsmaßnahmen im Detail zunächst durch die Gremien, wird dies kaum Erfolge zeigen. Hilfreicher sind hier klare Grundsatzentscheidungen und klare Verantwortlichkeiten, die natürlich bedeuten, dass der oder die Verantwortliche auch für Fehler gerade stehen muss.

■ kontinuierlich gemacht wird

Öffentlichkeitsarbeit ist eine Daueraufgabe. Wer erst vor Wahlen aktiv wird, wird selten Vertrauen gewinnen. Auch im Konfliktfall ist eine erst dann aufgenommene Öffentlichkeitsarbeit wenig erfolgversprechend, wenn sich der Adressat nicht zuvor bereits ein Bild machen konnte.

■ langfristig geplant ist

Ein Vorstellungsbild, ein Image, entsteht nicht von heute auf morgen. Vertrauen muss ständig erarbeitet und immer wieder bestätigt werden.

2.0 Die Prinzipien – Politisches Engagement heißt heute immer auch Kommunikation gestalten

■ ■ ■ ■ ■

Öffentlichkeitsarbeit ist dann besonders wirksam, wenn sie die üblichen Verhaltensweisen und Bedürfnisse der Beteiligten berücksichtigt. Schon seit Beginn des 20. Jahrhunderts weiß man, dass Menschen Informationen visualisiert deutlich leichter aufnehmen und anhaltender speichern, dass dies zudem dadurch verstärkt werden kann, wenn man dem visuellen Reiz Interaktionsmöglichkeiten hinzufügt. Wir lernen bekanntlich deutlich besser, wenn wir das zu Erlernende nicht nur hören, sondern auch sehen und durch eigenes Dazutun und Erproben erst richtig „begreifen" können.
Nicht nur deshalb sollten öffentlichkeitswirksame Arbeitstechniken hieran anknüpfen und visuelle, kommunikative und Handlungsanreize möglichst eng miteinander verbunden werden.

Aktionen können Inhalte anschaulich darstellen, den Betrachter zur Ergänzung einladen (z.B. durch Ankreuzen, Hinzuschreiben) und zum Gespräch mit anderen Passanten anregen. Veranstaltungen können Inhalte anschaulich an den Wänden und auf Böden vorstellen, die Teilnehmer immer wieder zum Gespräch über das Gehörte mit ihren Nachbarn anregen.

Medientechniken könnten den Betrachter etwas fragen, ihm Gedanken anderer vorstellen, ihn seine persönliche Meinung mit der anderer vergleichen lassen, ihn sozusagen an der Diskussion teilhaben lassen.

Techniken öffentlichkeitswirksamer Arbeit sollten demnach dialogisch gestaltet sein, von der Aktion, über die Veranstaltung bis zum Flugblatt oder Transparent.

Kolleginnen und Kollegen, Bürgerinnen und Bürger wollen heute mehr denn je ernst genommen werden, sich einbezogen und berücksichtigt fühlen. Das sollten die Formen des politischen Engagements berücksichtigen. Jede und jeder von uns will nicht nur in der Position des Lernenden angesprochen werden. Schon deshalb sollten Flugblätter, Plakate, Veranstaltungsstirnwände, Einladungen und Aktionen nicht nur mit Slogans, Parolen, sondern mit Fragen, Anreden, ganzen Gedanken arbeiten. Nicht immer muss der Herausgeber in der ersten Zeile genannt sein.

Die Lesewahrscheinlichkeit beim bisher nicht so interessierten Betrachter steigt eher, wenn er/sie in dieser Zeile vorkommt und erst dann der Herausgeber seine Gedanken zum Thema äußert.

Ein weiterer Punkt ist für die Wirksamkeit einer öffentlichkeitswirksamen Technik von Bedeutung: Ideen sollten mit einfachsten Mitteln erstellt sein! Diese Überlegung hat nicht so sehr mit Sparsamkeit zu tun, sondern mehr mit dem Umstand, dass man den Adressaten mehrfach mit ein und derselben Botschaft ansprechen muss, um überhaupt zu bewirken, dass er die Nachricht behält. So betrachtet hat die einmalige, aufwendige Aktivität auf die Dauer häufig weniger Wirkung, als eine Reihe von wenig aufwendigen aber doch mediengerechten, einprägsam gestalteten Aktivitäten. Besonders bei Kampagnen und

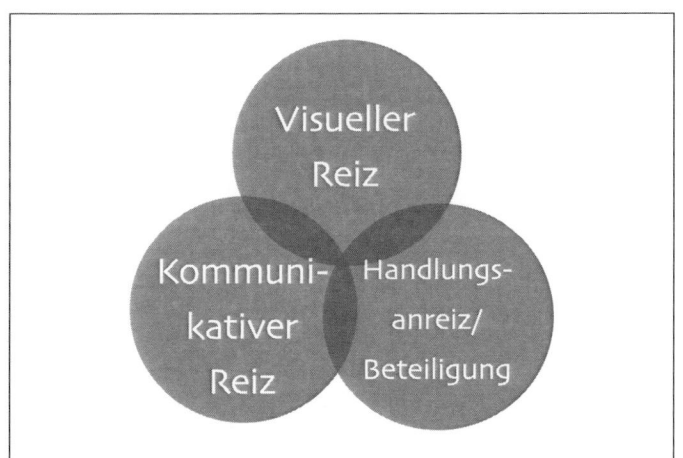

Wirkungen, die bei der Gestaltung von Veranstaltungen, Aktionen und Medien berücksichtigt werden müssen

ganzen Maßnahmepaketen als Teil eines strategischen Vorgehens ist es deshalb wichtig, die personellen, finanziellen, zeitlichen und organisatorischen Ressourcen nicht durch aufwendig gestaltete Maßnahmen zu früh zu verbrauchen.

Ein weiterer Gedanke macht es wichtig, Ideen zu verwirklichen, deren Umsetzung weniger Aufwand benötigen:

Für die Stärke von Gewerkschaften wird es zunehmend wichtiger, kampagnenfähig zu sein und das flächendeckend. Kraftvoll mit einer Botschaft beispielsweise in allen Städten des Landes, vor/in jedem größeren Betrieb wahrnehmbar zu sein, wird in einer Mediengesellschaft immer wichtiger. Das Bild von einer Aktion am Bahnhofsvorplatz, von der Aktivität am Betriebseingang und das Bild aus dem Fernsehen oder der Zeitung von der Aktivität in Berlin oder Hannover sollten sich ergänzen und so den Eindruck beim Betrachter verstärken, direkt dabei gewesen zu sein.

Eine in dieser Weise gestaltete strategische Öffentlichkeitsarbeit will nicht nur vom Betrachter und der Betrachterin wahrgenommen werden: Sie will sie und ihn eine ganze Weile mit der Botschaft gedanklich beschäftigen und möglichst Gespräche in Kantinen, auf Plätzen und im Wohnzimmer auslösen. Erst durch diese Dynamik transportiert sich die Botschaft wirklich breit. Öffentlichkeitsarbeit lebt nicht von der Einwegkommunikation.

So gestaltete Öffentlichkeitsarbeit wird allerdings nicht nur zu überlegen haben, wie die eigenen Ziele und Botschaften aussehen. Sie muss sich auch Gedanken über den Adressaten und die Adressatin machen, über die Dialoggruppe und ihre Sprache, ihre Gedanken, ihre Befindlichkeit, und diese voranstellen.

Jeder Mensch wird sich in der innerfamiliären Kommunikation oder der Kommunikation am Arbeitsplatz auf sein Gegenüber in Sprache, Argumentation und Kommunikationsform einstellen, wenn er/sie eine Botschaft wirklich übermitteln will. Das sollten Organisationen nicht anders praktizieren.

Orientiert sich die Praxis an diesen Prinzipien, wird sich schnell ein Mehr an Motivation bei den Akteuren einstellen. Sie sind nun mehr gefordert, ihre Kenntnisse, Erfahrungen, Praxis und Kommunikationsstile mit einzubringen. Die dialogische Gestaltung des Engagements mit ihrem Mehr an Reaktionen von Dritten macht das eigene Engagement anregender und spannender.

Es motiviert das eigene Team und Umfeld und macht es Neueinsteigern leichter, eigene Kompetenzen einzubringen.

Motivierend kann aber auch die Gestaltung des öffentlichkeitswirksamen Engagements selber sein. Es kann Spaß machen, Aktionen zu entwerfen und zu gestalten, Medien im Team ohne großen Zeitaufwand möglicherweise an Ort und Stelle zu erstellen und erste Wirkungen zu sehen. Es kann anregend sein, die Veranstaltung zu erleben, deren kommunikative Einladung und Kon-

zeption man mitgestaltet hat, sich als gleichberechtigten Teilnehmer in letztlich mitverantwort-
licher Rolle zu erleben. Veranstaltungen, Medien
und Aktionen können so als Ereignis erlebt und
über ihren eigenen Zeitrahmen hinaus zum Thema werden.

Was soll sich? dauerhaft einprägen	BOTSCHAFT	Was wollen wir
Bei wem soll es ankommen?	DIALOGGRUPPE	wem
Warum ist es wichtig?	BEGRÜNDUNG	warum
Welche Instrumente und Medien sind geeignet?	MEDIUM/ INSTRUMENT	auf welchem Weg
Welche Schrittfolge ist erfolgversprechend?	METHODE	wie
Welche Wirkung soll und hat sich eingestellt?	WIRKUNG	mit welchem Effekt mitteilen

3.0 Öffentlichkeitsarbeit im Betrieb und außerhalb des Betriebes – wozu denn das auch noch?

■ ■ ■ ■ ■ ■

Die Bedeutung gewerkschaftlicher Öffentlichkeit im unmittelbaren Umfeld des Betriebes ist geläufig. Es gilt Ziele und Erfolge der Gewerkschaft ebenso zu vermitteln, wie Ansprechpartner für die Anliegen der Kolleginnen und Kollegen zu sein. Die Arbeit der GewerkschafterInnen, der Betriebsräte und Vertrauensleute ist zu vermitteln und im Dialog zu gestalten. Für Veränderungen gilt es zu werben und/oder den notwendigen Druck zu erzeugen. Es gilt Vertrauen zu schaffen für die Arbeit der Vertretung und für die dort handelnden Personen.

Nicht weniger wichtig ist das Bild (von) der Gewerkschaft, ihren Akteuren, ihren Zielen und Problemsichten außerhalb der Betriebe. In lokalen, regionalen Medien, in Wirtshäusern, auf Märkten, Festen und in Organisationen, Vereinen, Verbänden wird ebenso Meinung erzeugt, wie in Schulen, Hochschulen und nicht zuletzt in Familien. Hier entsteht das Bild von gewerkschaftlicher Arbeit und ihrer Bedeutung, das im Konfliktfall nicht selten die öffentliche Grundstimmung bestimmt, das für die Schaffung gewerkschaftlicher Strukturen dort die erste Grundlage bildet, wo bisher keine Vertretung besteht. Hier ist entscheidend, „was man bisher so gehört hat, von den Gewerkschafterinnen und Gewerkschaftern", welches Bild sich geformt hat. Sicher, dieses Bild wird in nicht zu unterschätzendem Maße durch überregionale, bundesweite Medien wie Fernsehen, Zeitungen aufgebaut. Nicht zu unterschätzen ist aber eben auch die Wirkung lokaler, regionaler Medien und die unmittelbare, ja vielleicht persönliche Erfahrung aus eigenem oder mittelbarem Erleben.

Oft ist es das Klima, was hier entstanden ist, dass entscheidend ist für den Erfolg einer Erstgründung eines Betriebsrates oder für den Erfolg einer Mitgliederwerbekampagne vor Ort. Die lokalregionale öffentliche Themenführerschaft kann zudem mehr als nur hilfreich sein, wenn es darum geht, innerbetriebliche Veränderungen zu erreichen und die Motivation für das Engagement der Akteure zu stärken.

4.0 Strategische Öffentlichkeitsarbeit und kleine Kampagnen

■ ■ ■ ■ ■

Um die Ziel- und Ergebnisorientierung der Öffentlichkeitsarbeit zu unterstreichen, um die es hier geht, haben wir sie „strategische Öffentlichkeitsarbeit" genannt. Sicher, wir hatten bereits die Bedeutung der Zielfindung, der Benennung der Zielgruppe, der Formulierung einer Begründung für das eigene Vorhaben und der wohl überlegten Auswahl der Instrumente hervorgehoben. Der strategischen Öffentlichkeitsarbeit geht es aber um mehr. Sie will in wohl dosierten Schritten ihre Botschaft nach und nach entfalten, vor den Augen der Adressaten förmlich entwickeln.

Es geht also um die Komposition, die Auswahl und stimmige Reihung geeigneter Instrumente, um eine höchstmögliche Wirkung und Aufmerksamkeit zu er-

Aktions-
ideen

Unsere zu
übermittelnden
Personen

Medien-
ideen

Teil-
organisa-
tionen

Veranstal-
tungs-
formen

Akteure und
Aktivitäten
strategischer
Öffentlichkeits-
arbeit

WIR

Sozialkultu-
relle Arbeit

Nahestehende
Organisationen/
Personen

Gremien-
arbeit

Gegnerische
Organisationen/
Personen

*Variationen von Techniken
verteilt auf unterschiedliche
Veranstalter sind als Teil von
Kampagnen notwendig*

reichen. Dabei muss ein solches Konzept berücksichtigen, dass der Adressat und die Adressatin die Botschaft oft erst durch wiederholtes Herantragen ein und derselben Aussage (man spricht hier häufig von notwendigen vier Mal) aufnimmt. Das macht es notwendig, die wichtigsten Kernaussagen auf vielfältige Weise zu übermitteln, eine nach der anderen. Präsent und unkonventionell sollte man dabei sein, nicht unbedingt provokant, wie oft gesagt wird, denn ich will ja in einen Dialog eintreten, nicht nur konfrontieren. Es kann und darf dabei nicht bei Einzelaktivitäten bleiben.

Wie kommt man nun auf den Weg?

Öffentlichkeitsarbeit ist keine Restgröße politischer, gewerkschaftlicher Arbeit, die man schnell einem aus der Runde als Aufgabe zuweist, um eine leidige Pflicht erfüllt zu haben. Vielmehr ist sie eines der wichtigsten Instrumente eines jeden gestaltenden Engagements. Schon deshalb ist es nötig, ihr mehr Raum zu geben.

Ein Weg kann die Bildung einer dauerhaften oder von Zeit zu Zeit zu installierenden Projektgruppe sein. Sie wird im Team die Botschaft(en) formulieren, im Brainstorming Instrumente sammeln und kritisch auswählen, zum Konzept und Zeitplan zusammenschweißen, komponieren, und den Verlauf und die Wirkung kritisch prüfen.
Anders als in einem Musikstück, in dem auch viele Instrumente ein Stück gemeinsam gestalten, ist es der strategischen Öffentlichkeitsarbeit und der Kampagne wichtig, dass sich Externe einmischen, unterstrei-

chen, bestätigen, aber auch anzweifeln und dementieren, um dem Ganzen die nötige Dynamik zu geben. Erst durch den entstehenden Disput wird oft der Kern der Botschaft in einer Reiz überfluteten Gesellschaft wahrgenommen.
Bei der Auswahl und Zuordnung der einzelnen Instrumente in eine wohl durchdachte Schrittfolge ist es wichtig, wie in der Musik die nötige Spannung zu erzeugen: Die Komposition unterschiedlicher Instrumente, unterschiedlicher eigener und externer Akteure, unterschiedlicher Aspekte der Botschaft, unterschiedlichen Grades an Emotionalität und Inhaltlichkeit zu einem Ganzen, ist mitentscheidend für die Erlangung öffentlicher und wiederholter Aufmerksamkeit und damit für den Erfolg. Strategische Öffentlichkeitsarbeit will nicht die einmalige Wahrnehmung, den einen positiven Presseartikel, die eine gut besuchte Veranstaltung. Sie will mit langem Atem eine lokale Themenführerschaft erreichen, vielleicht eine schrittweise Veränderung in den Köpfen erzielen, nicht den kurzfristigen Aha-Effekt. Willkürlich gewählte Aktivitäten könnten der Sache möglicherweise sogar mehr schaden als nutzen.

Eine solche Komposition lässt sich nur schlecht in traditionellen Sitzungsabläufen entwickeln. Das traditionelle Verfahren der Diskussion durch Zuteilung von Wortmeldungen ist der Komplexität des Beratungsgegenstandes nicht gewachsen.
Hier empfiehlt sich die Anwendung von visualisierten Diskussions- und Arbeitsformen wie der Moderationsmethode nach Metaplan, um an den Wänden zu jeder Zeit alle bisherigen Überlegungen und Ebenen der Beratung zu sehen und den Entscheidungsweg transparent zu machen.

Musterjahresprogramm für die regionale Gewerkschaftsarbeit

Jahresprogramm einer engagierten, regionalen Gewerkschaftsgruppe

Jahresprogramm besteht aus...

- anregende Medienarbeit
- kommunikative Veranstaltungen
- Kulturarbeit mit Profil
- Gremienarbeit
- veranschaulichende Aktionen

Plakatserie				
4x6m Transparent: Diskussion	Gesprächsaktion vor Berufsschule			
Exklusivbesuch vor Ort	**Hearing auf der Straße**			
Plakat "Initiative sagt auch ...."	**Neujahres-empfang**			
Fach-Pressekonferenz	Beratungsbörse (4 Tische, 4 Themen)	Kinder malen Plakate: Thema "ZEIT"		
Jahres-/ Pressekonferenz	Runder Tisch (nur geladene Gäste)	Wettbewerb "Umgang mit Zeit..."	**Bodenzeitung statt Infotisch**	
Pressemitteilung mit lokalem Bezug	Empfang Verleihung Generationenpreis	**Hobbybörse**	Sprühaktion an Großwerbewand	ein Projekt systematisch verfolgen
Leserbrief-aktion	**Senioren-frühstück**	Kultur der Nachbarschaft	**Themen-Zebrastreifen**	einen Antrag auf den Weg bringen
Vorstellungs-besuch in Redaktion	Erzähl-Cafe in gleichberechtigter Runde	Bustour anders (Teilnehmer moderieren Tour)	Zahlen veranschaulichen (Bierdeckelaktion)	Fachkonferenz zum Thema ....
Offener Brief zu Thema XY an	Interaktionsmarkt "Engagement"	lokale Künstler stellen sich vor	Wir bringen es auf den Punkt	Wir überwachen Zusagen

5.0 Kontinuität in der Öffentlichkeitsarbeit

■ ■ ■ ■

Die Wirksamkeit eines jeden politisches Engagements hängt nicht zuletzt von der Kontinuität ab. Das gilt auch für die gewerkschaftliche Öffentlichkeitsarbeit vor Ort. Von Vorteil ist es deshalb, ein Jahresprogramm zur Öffentlichkeitsarbeit zu erstellen, das wichtige Anlässe und wiederkehrende Termine mit ihren Aktivitäten ebenso berücksichtigt, wie „Strategiepakete" zu Schwerpunktthemen und/oder Kampagnen z.B. zu Tarifverhandlungen, bundesweiten Schwerpunktthemen oder zur Betriebsrats- und Jugendvertretungswahl.

Nicht nur der 1. Mai, sondern auch der Internationale Frauentag, die Reichsprogromnacht, der Internationale Tag des Kindes oder der „Tag der älteren Generation" können als Anlass genutzt werden, um gewerkschaftliche Positionen öffentlich zu übermitteln, da mit diesem Anlass eine stärkere öffentliche Sensibilisierung für das Thema des Tages verbunden ist.

6.0 Bausteine einer Öffentlichkeitsarbeit

■ ■ ■ ■

Strategische Öffentlichkeitsarbeit bedarf eines langen Atems, einer genauen und zugleich kurzfristig flexiblen Planung und eines großen Repertoires an Techniken, um eine spannende Dramaturgie von Aktivitäten zu entfalten. Die Botschaft und ihre Zusammenhänge gilt es als Komposition von Aktionen, Medientechniken, Kultur- und Veranstaltungsformen dem Betrachter leicht verständlich, kommunikativ und anregend vorzustellen.

Aus so klassischen Bausteinen wie traditionellen Podiumsdiskussion, überfüllten Flyern, Pressekonferenzen ohne jede Visualisierung, Aushängen, die jeder Behörde zur Ehre gereichen würden und dem bewährten Infotisch, der ohnehin nur positionierte BürgerInnen anspricht, lässt sich nur schwer die angestrebte und notwendige Dynamik und Themenführerschaft erzeugen, die für die erfolgreiche Übermittlung der eigenen Botschaften notwendig wären. Selbst der tiefe Griff in die Geldschatulle, mit erheblichen Investitionen in Sachen Kugelschreiber und Feuerzeuge, vermag da kaum Besserung zu bewirken. – Hier bedarf es eines bunten, ansprechenden Straußes von Techniken, aus denen geeignete ausgewählt werden können.

Auf den folgenden Seiten stellen wir Ideen vor, die so konzipiert sind, dass sie i.d.R. von nur drei Akteuren in etwa ein bis zwei Stunden für meist gerade mal 50,- Euro öffentlichkeitswirksam realisiert werden können. Diese Beschränkung im Aufwand hat weniger mit der Sparsamkeit zu tun, als mit der Notwendigkeit, eine höhere Anzahl von Aktivitäten zu entfalten, um zu einer Wirkung zu kommen. Die vorgestellten Instrumente sind zudem so gestaltet, dass sie in hohem Maße vom Team vor Ort in geringer Stückzahl erstellt werden können, ja oft improvisiert wirken. Dies beschleunigt die Handlungsfähigkeit und erhöht im unmittelbarem Umfeld erwiesenermaßen die Aufmerksamkeit der BetrachterInnen, da bereits aus der Machart geschlossen werden kann, dass dies sehr aktuell entstanden sein und zudem sicher von den Aktiven vor Ort erstellt worden sein muss. Eine nicht zu unterschätzende Wirkung, die das Engagement der GewerkschafterInnen in der Region herausstellt, nicht nur das einer fernen Zentrale. Lediglich das Logo und ggf. ein weiteres Gestaltungselement sollte in jedem Fall professionell erstellt sein, um erwarteten Qualitätsgewohnheiten zu entsprechen.

Die hier vorgestellten Ideen sind immer bemüht, den Dialog zu suchen, gleich ob es um die interaktive Gestaltung einer Veranstaltung, um das einen Gedanken nach und nach entfaltende Plakat oder um die fast automatisch Gespräche erzeugende Aktion geht.

Schöne Sch...
Klo-Papier an Schulen knapp

Von H. BRUNS und S. FORTMANN

Berlins Berufsschüler sind von der Rolle - das Klopapier ist knapp!

Oberstufenzentrum Ostpreußendamm (Steglitz): Schering-Azubis verteilen an ihre Mitschüler vorm Unterricht 150 Rollen als Tagesration. Joachim Elsholz, Bezirksleiter der Chemie-Gewerkschaft: „Oft ist nach der ersten Pause kein Papier mehr da. Aber auch die Reinigung der Sanitärräume ist unter aller Kanone."

Beim Schulsenat wurde der WC-Skandal jetzt aufgerollt. Sprecherin Rita Hermanns: „Pro Berufs-Schüler gab es bislang **70 Mark für Lernmittel, die hat der Senat bei verdienenden Azubis gestri**chen. Es hat sich herausgestellt, dass viele Schulen diese Senatsmittel in der Vergangenheit zweckentfremdet auch für den Sanitärbereich ausgegeben haben - und dort fehlt ihnen jetzt das Geld. **Die Schulleiter müssen nun neu kalkulieren."**

Oder hart durchgreifen. Wie z.B. an der Max-Beckmann-Oberschule (Rei-nickendorf). **Haben einige Schüler zu sehr mit den Toilettenrollen rumgeaast und Klos verstopft, werden entsprechende Kabinen erst mal ein paar Tage ge**sperrt. Extra. Ilse Koch, Oberstudiendirektorin: „Pubertierende sind nun mal Spielkälber und bedenken nicht, dass sie sich und anderen schaden."

Kathleen (18, li.) und Susanne (17) rollen ein Problem auf: An ihrer Berufsschule fehlt Klopapier. Foto: DARGELIS

Beispiel aus dem Bezirk Berlin-Mark Brandenburg
Aktion der IGBCE zur Misere an Berufsschulen

6.1 Medienarbeit, die uns ins Gespräch bringt

Der folgende Abschnitt Medienarbeit wird die klassische Pressearbeit nicht in den Mittelpunkt stellen. Hierzu gibt es vielfältige Handlungsanleitungen an anderer Stelle. Hier wird es mehr um Medien gehen, die so gestaltet sind, dass der Betrachter kaum anders kann, als die Botschaft aufzunehmen. Sie nicht wahrzunehmen, soll nahezu ausgeschlossen werden. Auffallen wird recht schnell, dass wir für viele Ideen den Boden und nicht etwa Wände nutzen. Hier sind wir nahezu konkurrenzlos, während die Wände überfüllt sind mit Hinweisen, Informationen, Bildern, usw. .

Die folgenden Absätze unterscheiden den Einsatz der Medien im Betrieb und seinem unmittelbarem Umfeld und den Einsatz außerhalb des betrieblichen Umfeldes, was besonders für die gewerkschaftliche Ortsgruppenarbeit von Bedeutung ist.

Schauen wir uns ein paar dieser Ideen an:

6.1.1 Medien nicht nur im und vor dem Betrieb

6.1.1.1 Aktionsähnliche Medien

THEMENZEBRASTREIFEN

Idee

„Wir bringen es auf den Weg" könnte diese Aktion heißen, denn genau das passiert: Auf den Gehsteig, zwischen Parkplatz und Betriebseingang, in die Fußgängerzone oder an andere Stellen, die es vom Platz her zulassen, werden etwa fünf möglichst vier

Themenzebrastreifen:
Eine einfache und doch wirksame
Technik, Informationen jedem
schnell zugänglich zu machen.

und mehr Meter lange Streifen ausgelegt. Der erste und letzte Streifen trägt das Motto der Aktion und das Logo des Veranstalters. Die mittleren transportieren die Botschaften. Die Streifen werden wie Zebrastreifen ausgelegt, ohne die Passanten zu blockieren. – Wer kann über diese Texte schon hinwegsehen?

Denkbar wäre z.B. mit dieser Aktion die nächsten Vorhaben des Betriebsrates oder die Inhalte der anstehenden Betriebsversammlung zu übermitteln, aber auch aktuelle Forderungen, Programme und Planungen sind vorstellbar.

Durchführung

Die Aktion kann sich leicht auf eine Stunde beschränken, nach der der ausgelegte Streifen bereits wieder entfernt wird. Ist er aus Kunststoff erstellt, kann er zu weiteren Einsätzen kommen oder an andere GewerkschafterInnen weitergegeben werden.

Spektakulär ist natürlich, wenn der Streifen auf die Fahrbahn gelegt wird. Hier ist nicht das Ordnungsamt zu informieren, sondern eine Absprache mit der Polizei nötig, die nicht die Straße sperren soll,

---

Beispiel

WIR BRINGEN ES AUF DEN WEG.　　ABC

■ Ausbildungsplätze sichern uns allen auf Dauer die Arbeit, deshalb treten wir für mehr Ausbildungsplätze ein.

■ Hohe Bildungsstandards sichern Jugendlichen ihre Perspektiven, deshalb fordern wir eine hohe Qualität der betrieblichen Ausbildung.

■ Jugendliche brauchen gesicherte Perspektiven, deshalb fordern wir mehr Übernahmen nach der Ausbildung.

WIR BRINGEN ES AUF DEN WEG.　　ABC

sondern lediglich darauf achten wird, dass das Team, was gerade einen Streifen für etwa 1 Stunde auf der Fahrbahndecke anbringt, nicht von Verkehr überrollt wird. Nach der Befestigung eines jeden Streifens wird die Polizei den Verkehr weiterlaufen lassen.

Aber Achtung: Die Streifen sollten gut befestigt werden. (ggf. hier noch kurz den Rat bei uns einholen. Kontaktadresse im Anhang).

Material

■ 5 Streifen á 400 x 40 cm aus Tapete oder Lackfolie/Wachstuch (wenn die Aktion wiederholt eingesetzt werden soll);

■ beschriften mit breitem Filzstift (Edding 850);

■ befestigen mit Klebeband (Gaffaband) oder Kleister. Bei Einsatz von Rauhfasertapete reicht oft auch die Tränkung mit Wasser

Eine Variante dieser Aktion hat sich an den Sichtblenden von Treppenstufen bewährt. Man kann sich nur zu gut vorstellen, dass der und die BesucherIn einer Veranstaltung bei Betreten des Veranstaltungsraums nach einer derartigen Treppe natürlich die Themen der Veranstaltung längst kennt.

WIR BRINGEN ES AUF DEN PUNKT

Idee

Man kennt die Formulierung aus der Umgangssprache. Hier wird dieser Gedanke wortwörtlich umgesetzt: Etwa 10 Scheiben (ca. 45 oder 90 cm Durchmesser je nach Fläche) werden in Laufrichtung so ausgelegt, dass der Passant sie aus beiden Richtungen kommend lesen kann. Erst der jeweils dritte Punkt trägt das Motto und Logo der Aktion, damit der /die BetrachterIn im Vorübergehen gespannt bleibt, wer ihm/ihr denn die „Punkte" mitteilt.

Die einzelnen Scheiben können wieder über Inhalte berichten, auf Forderungen aufmerksam machen, den Passanten fragen und zu einer Reaktion animieren oder auch ganz einfach zu einem Termin einladen. Die Idee „Wir bringen es auf den Punkt" lässt sich auch auf Straßen einsetzen, die nur wenig Fußgängerverkehr haben.

Aktion „Wir bringen es auf den Punkt"
mit einer Punkteserie

Durchführung

10 Scheiben werden am Boden befestigt und nach der Aktion ggf. für weitere Einsätze wieder entfernt.
Es besteht die Möglichkeit, am Ende der Reihe einen Gesprächsort vorzusehen, hier also mit einer Bodenzeitung oder an Stehtischen zum Gespräch einzuladen.

Material

- Scheiben aus Folie, Klebefolie oder Holz schneiden;

- mit Edding 850 in Druckbuchstaben beschriften;

- mit Dachpappennägeln in Bodenrissen oder mit Klebeband befestigen

PUPPEN IM GESPRÄCH

Idee

An einer Bushaltestelle, am Eingang eines Betriebes oder mitten in der Fußgängerzone bietet sich der Passantin ein eigenwilliges Bild: Zwei, drei oder mehr 2,5 Meter große Puppen unterhalten sich mittels einer 1 Meter großen Sprechblase über die Probleme im Betrieb oder Zielsetzungen der Gewerkschaft.

Die eine Puppe wird die fragende Rolle haben, die andere die der GewerkschafterIn übernehmen.

Wer will diese Diskussion am Eingang so einfach übersehen?

Auch hier sind vielfältigste Zwecke denkbar. Zudem kann die Aktion bis zur Großaktion mit mehr als 10 Puppen erweitert werden oder durch über 5 Meter große Strohballenpuppen-Gruppen ersetzt werden. Die stellt man natürlich nicht auf das Feld, denn hier sind sie nichts besonderes. Sie gehören auf die Verkehrsinsel oder gleich vor das Rathaus. Hier sind sie schon allein durch ihr Bild eine Nachricht wert.

Durchführung

Auch diese Aktion kann sich auf eine oder wenige Stunden beschränken. Im Team wird zuvor der Dialog der Puppen formuliert. Dabei ist darauf zu achten, dass beide miteinander reden, also nicht nur

Puppen im Gespräch mit Sprechblasen

beide etwas verkünden. Das würde die Wirkung mindern.

Die spektakulärere Großaktion sollte zuvor den Medien angekündigt werden. Dabei sollte die Ankündigung viel Raum zur Beschreibung des zu erwartenden Bildes und weniger für die des Inhaltes verwenden, um Spannung zu erzeugen und den Fotografen zu interessieren. Inhaltliche Hintergrundinfos gibt es natürlich vor Ort.

Für die Variante mit den Strohballen wird man einen Bauern zur Unterstützung benötigen, der mit seinem Traktor für einen Tag die sechs bis neun Ballen richtig positioniert.

Material

Für die einfachen Puppen benötigt man:

- 3 oder mehr 2 m Röhren aus Pappe oder Bodenbelag;

- 1 m Sprechblasen aus Kunststoff oder Pappe;

- Edding 850 zur Beschriftung;

- Etwas Draht zur Befestigung;

- 3 oder mehr Hüpfbälle oder große Ballons als Köpfe, farbige Klebefolie für die Gesichter

Für die größere Ausfertigung:

- 6 bis 9 Heu-/Strohballen;

- Sperrholz oder Kunststoffplatten für die 1,5 m Sprechblasen, Augen, Münder und Nasen;

- Draht zur Befestigung;

- Edding 850 zur Beschriftung;

- ggf. Stoff für die Dekoration

Aktion Infoband:
Dieses ungewöhnliche Medium am Straßenrand wird gerade in nicht so belebten Straßen viele LeserInnen finden.

INFOBAND

Idee

Man stelle sich vor, am Straßenrand läge über 50 m lang ein Textband, auf dem nach jedem Schritt aufsteigend (also im Gehen leicht lesbar) einige Worte stehen. Mitgeteilt wird mir z.B., wo der Herausgeber Probleme sieht und wie man sie lösen könnte.

Diese Aktion ist leicht als reine Medienaktion nutzbar, um einen Presseartikel zu erzeugen, den dann viele tausend LeserInnen schon durch die Wirkung des ungewöhnlichen Fotos warnehmen.

Durchführung

Am Straßenrand oder in der Mitte einer Fußgängerzone wird das Textband mit Geduld nach und nach ordentlich befestigt. Hier darf man sich keine Nachlässigkeit erlauben; sie könnte sich leicht bei der ersten Windböe böse rächen.

Material

Die preiswerteste Variante wäre billige Rauhfasertapete, die nach der Beschriftung mit Wasserfester Farbe (Edding 850 schwarz) ganz einfach in Wasser ordentlich(!) getränkt und dann ausgerollt wird. Nur an den Enden und einige Male zwischendurch wird etwas Kleister ergänzt.

VIDEOINTERVIEWS

Idee

Letztlich sind wir alle sehr neugierig, was Unseresgleichen so zu sagen haben und nicht so sehr, was allein Prominente denken. An diese Erfahrung knüpft die Idee an:

Vor dem Betrieb oder in einer Fußgängerzone steht ein Turm aus vielleicht 4 TV-Monitoren, auf denen Kurzinterviews mit Menschen wie Du und Ich zu sehen sind, fast alle in Porträtaufnahmen aufgezeichnet. Sie äußern sich zu dem Thema, dass wir, die MacherInnen der Aktion, unter die Leute bringen wollen.

Schon sehr schnell ist zu beobachten, dass sich erste Passanten einfinden, die einige dieser Kurzinterviews aufschnappen wollen und dabei überlegen, ob sie wohl so ähnlich geantwortet hätten, ihre Bekannten ähnlich denken.

Wichtig ist dabei, dass jede/r GesprächspartnerIn nur ein, zwei oder drei Sätze sagt, keinesfalls mehr. Es versteht sich von selbst, dass unser Team darauf geachtet hat, dass unsere Position, der Anlass für die Aktion, immer wieder von unterschiedlichen Personen eingebracht wird. Die Aktion eignet sich gut, um anstehende Themen der nächsten Betriebsversammlung vorzustellen oder ganz einfach Hintergründe gewerkschaftlicher Forderungen.

Durchführung

Bei den Videoaufzeichnungen und Schnitten unbedingt darauf achten: In der Kürze liegt die Würze.

Material

Für die Produktion benötigt man eine der moderneren einfachen Videokameras, einen Projektor, um die aufgezeichneten Interviews in ausreichend kurze Sequenzen zu „schneiden" und zu überspielen, sowie ein Mikrofon und Aufzeichnungsbänder.
Für die Wiedergabe benötigt man einen Projektor und etwa 4 Monitore, die als Turm aufgebaut alle das gleiche Bild wiedergeben. Nützlich wäre ein farbiger Untergrund, der das Thema der Aktion und unser Logo wiedergibt.

6.1.1.2 Plakatformen

PLAKATSERIE

Idee

Erst kürzlich erbrachte eine Umfrage in einer Allee mit 80 Plakaten eines Kandidaten in nur 20 m Abstand, dass nur gerade 7,2% der Befragten einen der Kandidaten nennen konnten, die in diesem Stadtteil kandidieren.
Plakate transportieren nicht bereits durch ihre Existenz die geplante Botschaft. Es kommt auf Gestaltungselemente und Botschaften an, aber auch auf Präsentationsformen. Eine Lesewahrscheinlichkeit von über 50% erreicht eine Idee, die wir hier Plakatserie nennen wollen: Im Abstand von vielleicht 50 Metern stehen möglichst 3 oder mehr DIN A0 Plakatflächen, die nach und nach in ganzen Sätzen (kein Slogan, keine Parole) einen Gedanken entwickeln. Die Aussage des ersten sollte immer so formuliert sein, dass jeder Leser zustimmen kann. Das zweite bietet eine anknüpfende Formulierung an, die nur verstehbar ist, wenn die erste gelesen wurde. Das dritte, vierte Plakat bietet eine Lösung an und verkündet den Herausgeber.

Die Plakatständer sollten möglichst nicht länger als ein oder zwei Tage an einem Standort stehen. Das spart zudem Kosten und Aufwand.

Durchführung

Die Idee lässt sich leicht vor Ort realisieren, indem ein paar Holzplatten mit (Eindruck-) Plakaten versehen und mit Druckbuchstaben (Groß- und Kleinbuchstaben!) beschriftet werden. Ohne zu großen Aufwand lassen sich die Platten beim Weg zur Arbeit anbringen und am Abend wieder entfernen, um sie am anderen Morgen an einen anderen Standort zu bringen.

Material

- DIN A0 Plakatständer (3 – 4);
- Edding 850 schwarz;
- Aufklebbares Logo für den letzten Ständer

■ ■ ■ PLAKAT „SCHON GEHÖRT?"

Idee

Wer kann an einem Plakat schon vorübergehen, ohne es zu lesen, das in seiner Überschrift in großen
Lettern fragt: „Hast DU's schon gehört?", „Hast Du's
auch gelesen?", „Schon drüber gesprochen?".
Nicht also die inhaltliche Kernbotschaft wird in
den ersten Zeilen angeboten, sondern eine anregende Frage, die Neugier weckt. Erst darunter er-
fährt der Leser, worum es geht. So könnte das Plakat vor dem Betrieb über die letzte Betriebsversammlung ebenso berichten, wie das Plakat in
der Fußgängerzone über die Straßenaktion der Gewerkschaft, die sich erst letzte Woche an dieser
Stelle ereignete. Sicher, diese Idee wird stärker den
Fußgänger ansprechen.

Plakatserie zur Ausbildungsmisere:
Eine ansprechende, einfache und wirksame Alternative zum
kurzfristigen Einsatz an wenigen, wichtigen Stellen.

Beispiel
Plakatserie:

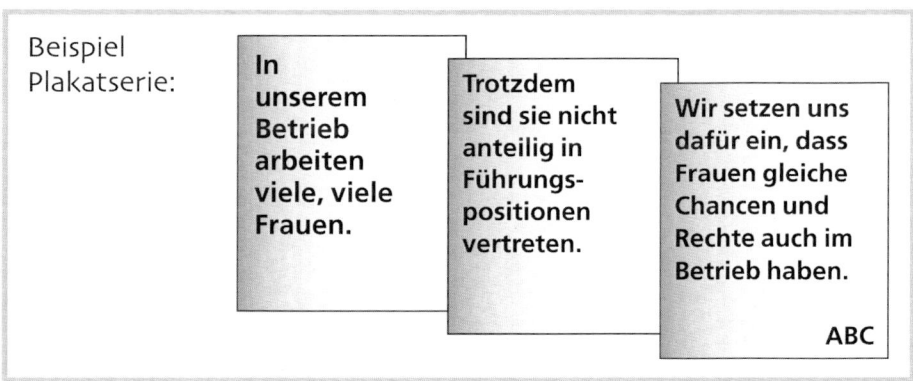

In
unserem
Betrieb
arbeiten
viele, viele
Frauen.

Trotzdem
sind sie nicht
anteilig in
Führungs-
positionen
vertreten.

Wir setzen uns
dafür ein, dass
Frauen gleiche
Chancen und
Rechte auch im
Betrieb haben.

ABC

Material

- Plakatständer;
- Filzstift Edding 850 schwarz;
- Aufklebbares Logo

■ ■ ■ PLAKAT INITIATIVE

Idee

Besonders glaubwürdig ist es nicht, wenn wir auf unserem eigenen Plakat mitteilen, dass wir ganz einfach die Besten sind. Wirksamer könnte da ein Plakat sein, das auf den ersten Blick von der Gestaltung her etwas aus der Rolle fällt. Ungewöhnlich an ihm ist

Plakat „Initiative"
und doch von uns.

zudem, dass am unteren Ende als Herausgeber kein bekanntes Logo erscheint, sondern ganz einfach drei, vier Namen, ergänzt durch Alter oder Berufsbezeichnung. Der Inhalt des Plakates selber greift zwar deutlich, den der letzten Gewerkschaftsaktion oder Veranstaltung auf, wird aber in dem Sinn verkündet, dass drei „NormalbürgerInnen" mitteilen, dass sie das (auch) so sehen.
Sinnvoll ist diese Plakatidee also besonders im Zusammenhang mit weiteren Aktivitäten.

Durchführung

Denkbare Texte des Plakates könnten sein:

- „Wir gehen am Donnerstag zur Betriebsversammlung, weil's da um unsere Ausbildungsplätze geht."

- „Es immer anderen überlassen ist auch kein Weg. Wir mischen deshalb in der Gewerkschaft mit."

- „Wir sagen uns auch: Wenn wenig Arbeit da ist, muss sie verteilt werden, da sind Überstunden kein Weg."

Material

- Plakatständer;
- Eindruckplakat oder Plakat mit großer, roter Sprechblase versehen;
- Filzstift Edding 850 schwarz

■ ■ ■ ZITATPLAKAT

Idee

Sehr ähnlich wie die Idee oben, könnten in Fußgängerzonen und vor Betrieben schnell geschriebene (Eindruck-) Plakate eine Idee, eine Frage, einen Gedanken einer Gewerkschafterin wiedergeben. Warum sollte man nicht einmal in der Fußgängerzone lesen, dass drei Betriebsräte meinen, dass... ?
Warum sollte man nicht vor einem Berufsschultor lesen, dass da drei JugendvertreterInnen zu bedenken geben, dass... ?

Durchführung

Die Realisierung der Aktion setzt wiederum nur voraus, dass wir jemanden finden, der zwei, drei, vier Plakate beschriftet, auf Platten klebt und beim Weg zur Arbeit z.B. auf einen Schulweg stellt und am Abend wieder abholt.

Material

- Plakatständer;
- (Eindruck-) Plakat;
- Filzstift Edding 850 schwarz;
- ggf. aufklebbares Logo

■ ■ ■ INTERNETPLAKAT

Idee

Was hilft die beste Internet-Präsentation, wenn niemand von ihr weiß. Auch hier hilft schnell ein Plakat auf dem vielleicht nicht mehr steht, als die Internetadresse. Natürlich kann man auch noch schnell mit Filzstift ergänzen, was es Neues gibt, um den Anreiz zum Nachschauen zu erhöhen.

Es versteht sich von selber, dass wir auf Briefbögen, auf Flugblättern, im Schaukasten, an der Stirnwand unserer Veranstaltung auf unsere Internetpräsetation hinweisen.

Material

- Plakatständer;
- neutraler Plakatbogen

Muster für ein Internetplakat

www.IGBCE-Xdorf.de

▪ ▪ ▪ GROSSCOMIC

Idee

Warum teure Werbeflächen anmieten, wenn es auch preiswerter geht: Auf Geweben, die es in jedem Baumarkt gibt (3 x 4 m / 4 x 6 m) lassen sich leicht ein Problem oder ein Ziel in Form eines Dialoges zwischen Figuren wiedergeben.

Wer kann dann schon vorübergehen, ohne die Botschaften der bis zu 4 Meter großen Figuren zu lesen. Die einfachste Darstellungsform könnten Strichmännchen mit großen, runden Augen sein, die sich mittels Sprechblasen unterhalten. Wichtig ist: Die Figuren sind im Gespräch, sie verkünden nicht einfach Botschaften.

Comic Strichmännchen: Ein ganz einfaches Beispiel mit bunten Strichmännchen zu Erwartungen älterer Menschen an die Politik aus Essen.

Durchführung

Die Planen lassen sich leicht zwischen Bäumen oder Straßenlampen für nur einige Stunden verspannen. So wird dieses Medium zur Aktion und entsprechend bei der Behörde angemeldet.

Beschriften lassen sie sich mit breiten Edding Filzstiften (850), die zudem wasserfest sind. Farblich anregender wird das Ganze, wenn man etwas farbige Klebefolie für einige Details verwendet. Das Logo des Herausgebers wird auf dem letzten Transparent angebracht. Spektakulär wird die Aktion natürlich, und damit für Medien besonders attraktiv, wenn gleich 8 bis 10 Planen längs einer Straße als Riesen-Comic verspannt werden.

Beispiel

Figur A:
„Mensch, weißte schon, dat die bei uns nich mer ausbilden wollen."

Figur B:
„Ja und dann klagen se bald wieder, dat se keene Fachkräfte finden."

Figur A:
„Man jut, das de Jewerkschaft darauf een Ooge hat, nischwar."

Figur B:
„Ja, de wolln da so richtig Druck machen, sagen se. Machste da mit!? Icke schon."

Material

- Gewebeplanen, möglichst weiß
  (3 x 5 m / 4 x 6 m);

- Filzstifte oder geeignete Farbe;

- Klebefolie;

- (Stahl-)Seile zur Verspannung

■ ■ ■ TEXT IN ENTWICKLUNG

Idee

Man kann es durchaus auch mal ganz spannend machen. Eines morgens sieht man zwischen Bäumen ein Transparent mit einem abgebrochenen Satz, ohne Vollständigkeit und ohne Herausgeber.

6 x 4 m große Comics erstellte die österreichische Gewerkschaft der Eisenbahner GdE und gab sie im Rahmen ihrer Kampagne „Egoismus ist ein Risiko" bundesweit auf Tournee.

Am zweiten Tag wird der Satz zuende geführt und ein zweiter beginnt. Am Dritten Tag wird der Text abgeschlossen und das Logo des Herausgebers sichtbar.

Man war schon die ganze Zeit gespannt, wer einem denn da auf diese Weise etwas mitteilen will.

Durchführung

Auch diese Idee ist ohne großen Aufwand mit großen Gewebeplanen realisierbar, die schnell vom Team (ggf. sogar erst an Ort und Stelle) beschriftet und verspannt werden.

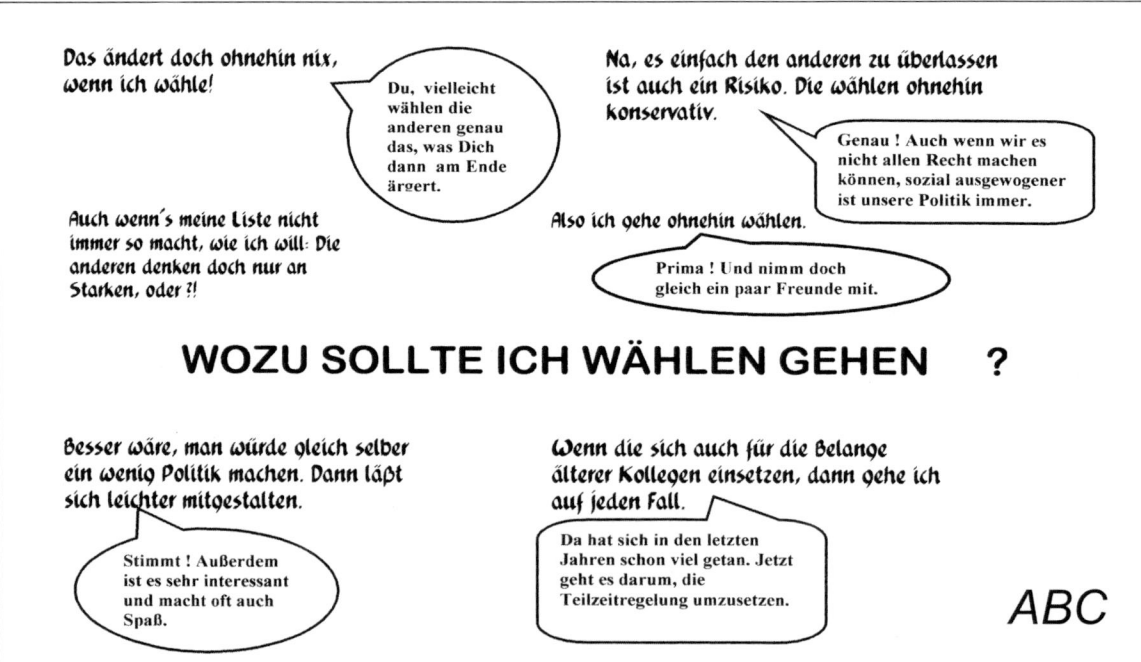

Diskussionstransparent: Mit einfachsten Mitteln läßt sich ein Großflächentransparent erstellen, das ganze Diskussionen wiedergibt.

Material

- Gewebeplanen;
- Seile zur Verspannung;
- Filzstifte oder geeignete Farbe

GROSSFLÄCHEN-DISKUSSION

Idee

Quer in der Fußgängerzone sieht man ein 6 x 4 m oder vielleicht sogar 6 x 8 m großes Transparent zwischen Straßenlampen oder Bäumen verspannt. In der Mitte sticht in großen Lettern eine Frage ins Auge. Um sie herum scheinen sich diverse BürgerInnen dazu handschriftlich in großen Buchstaben geäußert zu haben. Diesen Kommentaren wiederum sind Kommentierungen des Herausgebers in großen Sprechblasen zugeordnet: Das ganze ist eine richtige Diskussion, nur eben visualisiert.

Wir haben wie andere festgestellt, dass Bürger bei der Betrachtung von Medien häufig spannend finden, was Ihresgleichen dazu sagen, bevor sie sich den hierauf bezogenen Positionen der Organisationen zuwenden. Genau dieser Erkenntnis entspricht die Idee.

Durchführung

Dieses Großtransparent ist ein Medium für Fußgänger. Es gehört demnach in Fußgängerzonen oder vor Betriebe. Erstellt ist es ebenso schnell wie die vorhergehenden Ideen, ggf. sogar an Ort und Stelle. Wir raten an, die Mittelpunktfrage und das Logo professionell erstellen zu lassen. (Klebebuchstaben von der Rolle), den restlichen Text (Bürgermeinungen) selber mit dickem Filzstift oder Pinsel zu ergänzen. Die Kommentare der Organisation in der Sprechblase können ggf. auf farbiger Folie eingefügt werden.

Material

- Gewebeplane;
- Filzstift, Farbe;
- Seile;
- Klebefolie

6.1.1.3 Sonstige Formen

DIALOGISCHE BETRIEBSZEITUNG

Idee

Betriebzeitungen werden leicht zu einer Art Zentralorgan. In den wenigen Zeilen können wir hier jetzt nicht alle Fragen der Gestaltung erörtern. Soviel sei aber gesagt: Wichtig ist, dass sich möglichst viele Kolleginnen und Kollegen namentlich oder als Foto wiederfinden. Dass die Inhalte unmittelbar an ihren Belangen anknüpfen müssen versteht sich von selber.

Diese beiden Erwartungen haben Konsequenzen:

- Überschriften sollten spannend sein und nicht nur die „Promis" in den Mittelpunkt stellen.

- Schwerpunktthemen können durch eine Spalte „Kollegenmeinungen" ergänzt werden, die unzählige kurze Einzelaussagen enthält (ggf. mit Name/Alter oder Berufsgruppe ergänzt).

- Zeitungen dürfen auch Fragen aufwerfen und kontroverse Diskussionen führen (auch mal kritisch den Herausgebern gegenüber). Das verschafft den Themen mehr Gehör und zudem mehr Vertrauen.

- Nicht nur „Bedeutendes" berichten, auch mal Randnotizen einer Versammlung veröffentlichen.

FLUGBLATT

Idee

Auch Flugblätter müssen nicht mit einem Slogan oder einer zünftigen Parole beginnen. Warum sollte nicht mal eine Frage zuoberst Interesse wecken?

Beispiel

- Wie stehen Sie zur Überstunden-Frage?
  Wir meinen, man wird...

- Was sagen Sie zur Betriebsverlagerung?
  Viele Kolleginnen und Kollegen sagen...
  Der Betriebsrat hat in seinen Vorschlägen...

Bei der Verteilaktion die Titelfrage des Flugblatt nochmals groß auf ein Transparent schreiben und hinter den VerteilerInnen aufhängen, das unterstreicht die Bedeutung der Aktion.

SCHAUKASTEN

Idee

Schaukästen müssen nicht aussehen wie der Aushang einer Behörde. Auch hier könnte eine Frage mit Anrede, quer über die Fläche geschrieben, zum Blickfang werden. Wie in der Zeitung, könnten auch hier auf einem farbigen Streifen unzählige Kurzkommentare (je 1 Satz) von Kolleginnen und Kollegen ergänzt werden. Fotos lassen sich heute leicht auf Formate um DIN A2 vergrößern und durch eingeschobene Texte in den Mittelpunkt des Interesses schieben.

6.1.2 Medien außerbetrieblich nutzen

Der regionalen, lokalen Gewerkschaftsarbeit kommt eine immer größere Bedeutung zu. Nicht erst im Konfliktfall ist gewerkschaftliche Öffentlichkeitsarbeit gefordert, Vertrauen und die Bereitschaft zum Mitmachen entsteht durch vielfältige Bilder, die sich über lange Zeit zusammenfügen.

Schon lange wird auch die Meinung innerhalb großer Organisationen nicht mehr allein durch Mitgliederorgane, Rundbriefe, Plakate und Versammlungen erzeugt. Das Vorkommen in öffentlichen, allgemein zugänglichen Medien ist auch nach innen mehr und mehr DIE Informationsquelle für Mitglieder und Aktive. Diese Entwicklung macht es ebenso wichtig, für Mitglieder, Aktive und Nichtmitglieder mit Inhalten, Personen und Ereignissen wahrnehmbar zu sein, auch in der unmittelbaren Umgebung von Wohnen, Lernen und Arbeiten.

Die Bereitschaft, einer Gewerkschaft beizutreten, sich für eine Sache über begrenzte Zeit (Projekt) oder dauerhaft einzusetzen, für die Schaffung eines Betriebsrates im Betrieb einzutreten, wächst mit dem Hintergrund und den Erfahrungen, die man ganz alltäglich vor Ort mit Gewerkschaften macht. Hier ist das Bild aus den Medien, die Erfahrung aus Fußgängerzonen und vor Schultoren, zunehmend prägender und damit eine wichtige Voraussetzung für den entscheidenden Schritt zum eigenen Engagement. Dieser Absatz stellt weitere Ideen vor, die neben den bereits genannten besonders für den Einsatz in der allgemeinen Öffentlichkeit geeignet sind.

PLAKAT „ERINNERN AN..."

Idee

Wer weiß schon wirklich, nach wem die eigene Straße oder die Nachbarstraße benannt ist; was für die Gemeinde Anlass genug war, eine ganze Straße nach dieser Person zu benennen. Es bietet sich förmlich an, diese Erkenntnis für eine kleine Aktion zu nutzen:

Wir stellen ein, zwei, drei Plakatständer auf, die in großen Lettern danach fragen, wer denn der/die auf dem Foto sei. Die Rückseite des Plakatständers oder der zweite Ständer bietet hierzu nähere Informationen an.

Nun ist die Aktion aber nicht vom örtlichen Heimatverein, sondern von einer Gewerkschaft. Deshalb wird die Rückseite über den Namen, die persönlichen Daten (Geburts-, Sterbedatum, Beruf) berichten und die herausragende Tätigkeit der Person in einen Zusammenhang mit heutigen gewerkschaftlichen Forderungen stellen.

Durchführung

Besonders geeignet sind natürlich Straßen, die nach engagierten GewerkschafterInnen benannt sind, aber auch Straßen, deren Namen für Engagement in Sachen Wohnungsgenossenschaften, Wissenschaften, Bildung und Soziales stehen. Ein Foto ist leicht aus einem Lexikon ergänzt.

Material

- Plakatständer;
- Foto aus Lexikon oder Unterlagen des Stadtarchivs;
- Kopievergrößerung auf DIN A0 oder als Collage zusammengefügt für etwa drei Plakate

Beispiel Plakat „Erinnern an..."

Wissen Sie eigentlich

nach wem die

Berger-Straße

benannt ist?

Fritz Berger

■ geboren 1892

■ gestorben 1949

■ Gründer der Wohnungsbaugenossenschaft Südstadt

Er setzte sich früh für ein das preis-
werte Wohnen ein, dass auch heute
Gewerkschaften ein Anliegen ist: Das
gesicherte Zuhause für jeden Menschen in angenehmer Umgebung.

ABC

*Das erste Positionieren der Ständer
sollte mit den Medien gemeinsam
erfolgen und ggf. mit einem
kleinen Umtrunk an Ort und
Stelle verbunden sein.*

*Der Text der Plakatständer läßt
sich schnell als Infoblatt an die
benachbarten Haushalte verteilen.*

PLAKATE VON KINDERN KÜNSTLERISCH GESTALTET

Idee

Im Rahmen eines Strategiepaketes oder einer kleinen Kampagne gehen einem schnell einmal die Ideen aus, da sie ja eine zielorientierte Komposition unterschiedlichster Instrumente sein soll, also Vielfalt erwartet. Außerdem sollten ja nicht alle eingesetzten Instrumente kopflastig sein; wichtig ist es, auch Emotionen anzusprechen.
Eine ansprechende Idee in zeitlicher Abfolge mit anderen Aktivitäten könnte eine Malaktion mit Kindern zum Schwerpunktthema sein. Logo und Informationsstreifen informieren die Betrachterin und den Betrachter über den Grund der Aktivität. Auch diese kleine Ausstellung sollte in Anwesenheit der Medien in einer Fußgängerzone oder vor einem Betrieb der Öffentlichkeit vorgestellt werden.

Durchführung

Für die Durchführung benötigt man einige Kinder, die eine vorgegebene Aussage oder ein Stichwort in kreative Bilder umsetzen. Hierzu werden ihnen DIN A0 Plakate gestellt, auf denen lediglich der Raum für die späteren „Erklärungsstreifen" abgedeckt wird. Sollen die Ständer noch einige Tage durch die Stadt auf Tournee gehen, sollten sie kurz mit durchsichtiger Klebefolie abgeklebt werden.

Natürlich kann man auch eine großflächige Gewebeplane als Grundmaterial verwenden und später an markanter Stelle einen Tag lang ausstellen.

Material

- ▪ Plakatständer;
- ▪ DIN A0 Bögen;
- ▪ Wachsmalstifte oder geeignete Farbe für die Kinder;
- ▪ Klebefolie

6.1.3 Umgang mit Medien

▪ ▪ ▪ MEDIEN-/ PRESSEKONFERENZ

Idee

Über die professionelle Durchführung von Medienkonferenzen gibt es umfassendere Publikationen der Gewerkschaft, so dass wir uns hier auf einige Aspekte beschränken können, die für die Philoso-

Von Kindern gemalte Plakate zu einem Schwerpunktthema transportieren oft persönlicher als das klassische Plakat die Botschaft an die LeserInnen vor Ort.

phie unseres Ansatzes von Öffentlichkeitsarbeit und für die Realisierung der Ideen dieses Heftes von Bedeutung sind.

Pressekonferenzen sollten zum Standard lokaler Öffentlichkeitsarbeit gehören. Mindestens eine „Jahrespressekonferenz" sollte Pflichtpunkt regionaler Gewerkschaftsarbeit sein. Sie zu realisieren ist nicht so schwer, da man lediglich einige Daten zum zurückliegenden Jahr, zur Entwicklung und zur Perspektive zusammenstellen muss.

Ort der Pressekonferenz sollte möglichst nicht der geschätzte Konferenzraum im Gewerkschaftshaus sein, sondern ein „fotogener" Standort, der zur Botschaft der Konferenz passt. Ist unser Motto „Wir stellen die Weichen für die Zukunft", sollte die Pressekonferenz an einer Weiche der Deutschen Bahn AG stattfinden, ist das Motto „Wir bauen an einer sozial gerechteren Gesellschaft", sollte der Ort auf einen Marktplatz verlegt werden, auf dem wir beschriftete Ytonsteine (mit unseren Botschaften) nicht zu einer Mauer, sondern zu einer Ecke (als entstehe ein Haus) zusammengefügt haben.

Pressekonferenzen sollten die Chance nutzen, ein Bild zu vermitteln. Dafür muss unbedingt der Hintergrund inhaltlich anregend gestaltet sein. Ein einfaches Logo der Organisation mit dem „seit Jahren aktuellen Spruch" reicht einfach nicht aus. Das muss nicht Aufwand zur Konsequenz haben, denn eine Zahl, ein Satz, ist schnell auf eine große Fläche geschrieben. Geeignete inhaltliche Standorte gibt es wie Sand am Meer. Auch Fachpressekonferenzen sind an Ort und Stelle oder vor geeignetem Hintergrund für Fotoredakteure erst zur Nachricht geworden. Bei ihr sollte man auf spannende Gäste achten, die das Thema aus verschiedenen Perspektiven kurz und knapp beschreiben (Experte, Betroffener, Verantwortungsträgerin,...).

MEDIENMITTEILUNG

Auch über die Gestaltung der Medienmitteilung steht an anderer Stelle mehr. Uns ist hier nur wichtig, dass sie DIE Botschaft des Ereignisses deutlich herausstellt, knapp und klar in Daten, Fakten, Zitaten, Personen. Ein beigefügtes Foto kann nicht schaden.

Erfolgt der Abdruck der Mitteilung, ist das weniger Grund zur Freude als ein Anlass für weitere Leserbriefe der Akteure des eigenen Umfeldes, um die öffentliche Diskussion und damit die Wahrnehmbarkeit der übermittelten Botschaft zu verstärken.

Gutes Beispiel

Die Adorfer AG fordert einen schnellen Ausbau der Fußgängerzone in der Marktstraße. Auf der Jahreshauptversammlung übte der Vorsitzende Hans Huber scharfe Kritik an der Verwaltung..."

Schlechtes Beispiel

Zur Jahreshauptversammlung hatte am vergangenen Donnerstag der SP-Verein in den Gasthof zum Roten Anker geladen. Die 40 Anwesenden hörten den Bericht des Vorsitzenden Hans Huber mit großem Interesse.

Ruhig auch mal kleine Anlässe für eine Medienmitteilung nutzen:

▦ Vergleichbares Projekt zur Problemlösung vor Ort am Urlaubsort erkundet (Foto beiliegend);

▦ Bei Geburtstagsempfang dreier Betriebsräte hob älteste Teilnehmerin hervor...

▦ ▦ ▪ FOTOS

Wir leben in einer Mediengesellschaft, die Bilder, oft sogar belebte Bilder benötigt, um eine Nachricht zu transportieren. Das Bild wird oft zu der Nachricht, ist die Komposition der Faktoren Akteure, Anlass, Ziel, Ereignis,..... .Schon deshalb sollte man darauf achten, dass Fotos (auch wenn man sie nicht selber macht) die Botschaft lebendig übermitteln. Profis werden bereits vor Beginn der Maßnahme überlegen, wie das spätere Pressefoto aussehen soll und entsprechend die Anordnung von Logo, Akteuren, Gegenständen, textlicher Unterstützungen so vornehmen, dass mit größter Gewissheit jede/r RedakteurIn das Bild aus dieser Perspektive erstellen wird.

Ganz wichtig bei Aktionsfotos: Nicht steif vor der Aktion stehen! Jede/r legt etwas Hand an, schreibt, malt oder befestigt noch etwas, damit das Bild lebendig wird. Übrigens auch dann so handeln, wenn der Pressefotograf so gerne ein Gruppenfoto vor der Aktion im Hintergrund machen möchte. Er hat nicht Eure Botschaft im Kopf, die über das Bild zu übermitteln ist, also müssen die Akteure schon selber dafür (mit-)sorgen, dass das „richtige" Bild entsteht.

Bei Aktionen in diesem Sinn auch Eigenfotos machen. Man braucht sie schließlich im Anschluss für nicht vertretene Redaktionen, das eigene Infoblatt, den Plakatständer, der an Ort und Stelle ab morgen über die Aktion von heute unterrichtet und für das interaktive „Schwarze Brett".

▦ ▦ ▪ LOKALE RUNDFUNKSENDER

Diese Sender bekommen auch für unsere regionale Arbeit zunehmende Bedeutung, wenngleich die meisten von ihnen ihren Schwerpunkt als Musiksender gewählt haben. Hier Erwähnung zu finden, ist ohne Kenntnis der Profile der einzelnen Sendungen kaum möglich. Ein Grund mehr, in der Region ein Team mit der Öffentlichkeitsarbeit zu betrauen, das sich hin und wieder auch um die Rundfunktpräsenz kümmert.

Wie ist die nun möglich? Zunächst gilt für elektronische Medien, dass sie an aktueller, möglichst sogar Liveberichterstattung (Telefoninterview vom Ort) besonderes Interesse haben. Man muss aber berücksichtigen, dass sie i.d.R. über kleine Redaktionen verfügen. Man ist also gut beraten, der für die Sendung XY zuständigen Redakteurin ein paar Tage vor Sendebeginn einen konkreten Vorschlag zu unterbreiten. (z.B.: Es läuft Straßenaktion mit 50 etwa 1 m³ großen Würfeln zum Thema XY. Wir können anbieten: Kurzen Bericht davon. Kurzes Statement von Betroffenem, Experten und zwei Passanten, Informationen über Alternativen, alles das per Telefon live vom Ort)

Wer genau hinhört, wird auch Sendungen finden, deren Schwerpunkte sich um Alltagserfahrungen, Musik als Arbeitshintergrund, Freizeit (z.B. „einen Tag blau machen dürfen" durch Antenne Bayern), Geburtstage, aber auch um aktuelle Probleme drehen. Hier gilt es, sich eine Sendung auszusuchen und mit aller Kraft bemüht zu sein, in diese Sendung geschaltet zu werden. Denkbar ist dann der Musikwunsch verbunden mit Grüßen an die Aktiven im Team der Jugendvertretung, ein Statement eines vor Ort engagierten Gewerkschafters zum Problem XY, usw. Die Kürze der gesendeten Beiträge scheint zunächst den Einsatz nicht zu lohnen. Schaut man sich dann erfahrungsgemäß die Zahl der persönlichen Ansprachen nach der Sendung an, wird man eines Besseren belehrt.

Nützlich sind zudem die Terminankündigungen vieler Sender, besonders von Ereignissen wie Aktionen. Wer weiß, dass Jugendliche überdurchschnittlich stark elektronische Medien als Informationsquelle nutzen, wird sich hier engagieren.

OFFENER KANAL

Idee

Nicht jeder wird zu den Zuschauern offener Kanäle gehören. Trotzdem bieten auch sie gute Chancen, der eigenen, kleinen Regionalkampagne vor Ort mehr Gehör zu verschaffen.

Nicht wenige Sender bieten sogar die Möglichkeit, Livesendungen zu produzieren. Kombiniert mit einer vorgeschalteten Plakataktion mit zwei Plakatserien, die durch die Stadt auf Tournee gehen (je 3 Plakate in Reihe wechseln den Standort jeden Tag) in der Fußgängerzone, der Präsentation der Aufzeichnung mit Hilfe eines Turms von 4 Monitoren auf dem Marktplatz, und anderen Instrumenten, lässt sich die Zuschauerzahl verändern.

Durchführung

Erforderlich sind bei den meisten OK's lediglich mit gängigen Videoanlagen geschnittene, kleine Produktionen. Ein Sendetermin wird vereinbart. Oft wird der Film mehrfach ausgestrahlt. Denkbar wäre also z.B. auch eine einfache Produktion, die aus Zusammenschnitten von Kurzaussagen der Passanten zu einem Thema („Was verbinden Sie mit Überstunden") besteht und mit kurzen Beiträgen unseres Teams verbunden werden.

MEDIENVERTEILER

Eine wirksame Öffentlichkeitsarbeit kommt ohne einen aktuellen Medienverteiler nicht aus, in dem neben den Redaktionen der Tageszeitungen, lokalen/regionalen Rundfunk- und Fernsehredaktionen auch die von Schüler-, Verbandszeitungen und natürlich auch der Anzeigenblätter stehen. Für bedeutsamere Aktivitäten sollten auch die Adressen der Nachrichtenagenturen griffbereit sein. Die Liste enthält zudem eine Reihe von Namen freier und hauptamtlicher Mitarbeiter der Medien, die direkt mit Informationen versorgt werden sollen. So kann man schnell per Fax, Email oder Brief Mitteilungen und Einladungen übermitteln.

▪ ▪ ▪ LESERBRIEF (-AKTION)

Idee

Nicht jede und jeder von uns liest täglich Leserbriefe. Es gibt aber gerade auf lokaler Ebene eine große Zahl von Zeitungslesern, die die tägliche Lektüre der Zeitung genau hier beginnen. Es lohnt sich also, genau in dieser Spalte mit der Meinung vorzukommen. Besonders wirksam ist das dann, wenn bereits über Ereignisse berichtet wurde, die man selber zuvor veranstaltete.

Nun ist das Leserbriefschreiben für viele eine ziemlich hohe Hürde. Sie lässt sich leichter nehmen, wenn man sich mal im Team trifft und z.B. zum Schwerpunktthema des Monats gemeinsam eine ganze Reihe von Leserbriefen schreibt. Sind es am Ende mehr als die Zahl der Köpfe in der Runde, kann man ja schnell ein paar Freunde fragen, ob sie den einen oder anderen Brief unter ihrem Namen versenden wollen.

Jeder Brief wird also von einem anderen Autor unterschrieben und spricht möglichst einen anderen Aspekt des Themas an. Wirksam ist es auch, wenn der Betrachtungswinkel verändert ist. Schreibt der eine aus der Sicht eines Familienvaters, schreibt die andere aus der Perspektive der alleinerziehenden Mutter.

Dabei gilt:

- ▪ möglichst kurz fassen;
- ▪ Bezug nehmen auf Artikel oder lokales Ereignis;
- ▪ genaue Zahlen und Fakten;
- ▪ durchaus mit persönlicher, vielleicht pfiffiger Note;
- ▪ je einfallsreicher, witziger, spritziger formuliert, desto größer die Abdruckwahrscheinlichkeit;
- ▪ Name, Adresse, Unterschrift nicht vergessen (ggf. im Brief eigenen den Bezug, die eigene Kompetenz herausstellen: Warum meldet man sich zu Wort?)

▪ ▪ ▪ AKTION ZUR VORSTELLUNG VON PERSONEN

Idee

Man sagt immer, dass die bekannten Persönlichkeiten am Ort der Pfarrer, der Lehrer, Doktor und der Bürgermeister seien. Warum sollten es nicht auch die Gewerkschaftsvorsitzende, die drei führenden Betriebsräte und die Vorsitzende der Jugendvertretung werden? Das ist so unrealistisch nicht und wichtig zudem, denn viele Kolleginnen und Kollegen nehmen Informationen dann leichter auf, wenn sie personenbezogen sind. So können sie leichter Vertrauen gewinnen. Eine sehr emotionale Komponente der Informationsvermittlung, die zunehmend wichtiger wird.

Durchführung

Der Bekanntheitsgrad kann leicht dadurch angehoben werden, dass bestimmte Aktivitäten allein unter dem Namen und der Funktion der Akteure stattfinden, also nicht mit Logo der Organisation versehen werden. Da legen die frisch gewählten JugendvertreterInnen vor dem Hauptbahnhof beschriftete Zebrastreifen unter dem Motto aus „Wir bringen es auf den Weg" und erläutern der Presse ihre persönlichen Ziele und Motive für ihr Engagement. Da laden fünf Betriebsräte und -rätinnen anlässlich ihres Geburtstages im 1. Quartal des Jahres „Gott und die Welt" mit der Bitte zum Empfang ein, etwas Geld oder Spielzeug mitzubringen. Genau das wolle man ein paar Tage später dem ersten Betriebskindergarten in der Region zukommen lassen. Es versteht sich, dass sogar an den Schnittchen und den Getränken am Buffet geschrieben steht, dass der Überschuss der Kasse an die Einrichtung geht. Das spart Kosten und ist ein gutes Signal.
Die Einladungsform ist später im Kapitel Veranstaltungen unter der Überschrift „Empfang" beschrieben.

Auch könnte das neugewählte Team im Vorstand der Gewerkschaft, die neue Zuständige für Jugendarbeit oder der Sprecherkreis unserer Seniorengruppe einen Kurzbesuch in der Redaktion des Tagesanzeigers vornehmen, um sich kurz als Person und mit seinen Zielen vorzustellen. Das dauert nicht lange und bringt einen freundlichen Kleinartikel mit Bild. Klappt es nicht gleich, sucht man die Redaktion einen Tag später nochmals auf.

GROSSFLÄCHEN-SPRÜHAKTION

Idee

Schon etwas ungewöhnlicher ist es, wenn die Medien eingeladen sind dabei zu sein, wie unser Vorstand, wie fünf Betriebsräte, wie die drei ältesten Gewerkschaftsmitglieder auf einer gemieteten Werbewand (möglichst Doppelwand), einer verspannten Gewebeplane oder auf einer riesigen, abgedeckten Bodenfläche das aufmalen oder aufsprühen, was ihnen besonders am Herzen liegt. Der Aufwand für diese Aktion ist gering, die Wirkung groß.

ANZEIGEN / KLEINANZEIGEN

Idee

Anzeigen sind meist ein etwas kostspieliges Unterfangen, zumal man oft kostengünstiger und wirksamer ist, wenn man durch gelungene Öffentlichkeitsarbeit einen kostenlosen Artikel in der Zeitung bewirkt. Der wird oft mehr Beachtung finden, als eine Anzeige im Anzeigenteil. Steht aber dennoch mal eine Anzeige als Teil einer Kampagne z.B. an, dann raten wir zu einer Kleinanzeige mitten im Redaktionsteil. Hier sind Anzeigen zwar teurer (daher Kleinanzeige), werden aber eher wahrgenommen, will man nicht gleich ganze Seiten schalten. Besonders witzige, humorvolle, satirische, verblüffende Noten als Ausdruck des ganz persönlichen Engagements werden die Wirkung noch erhöhen.

▪ ▪ ▪ DER BRIEF / DIRECT-MAIL

Idee

Viele Menschen haben nicht die Zeit und das Interesse, zu unseren Aktivitäten zu kommen. Manchmal ist es auch die Scheu vor dem ersten Schritt. „Politik – das ist nichts für mich, das kann ich nicht", denken viele. Hier könnte eine persönliche Ansprache und eine ganz andere Erfahrung einen Einstieg ermöglichen. Es ist nicht so schwer, mit einem Computer und guten Adressen, diese Idee zu verwirklichen.

Die Adressen kann man sich selber zusammenstellen, aber auch bei kommerziellen Adressverlagen kaufen. So teuer sind sie nicht. Wir könnten in der Organisation klären, welche Zielgruppe wir besonders ansprechen wollen (Ergebnisse einer Analyse). Auf dieser Grundlage besorgen wir uns die Adressen.

Der Brief sollte von namhaften Persönlichkeiten unterschrieben sein oder durch Angaben zur Person unter der Unterschrift Interesse zum Lesen wecken. Er sollte auch im Text an persönlichen Erfahrungen und gemeinsamen Erinnerungen anknüpfen. Er kann auf einen späteren Anruf oder Besuch hinweisen.

Hier ein Beispiel des österreichischen Gewerkschaftsbundes ÖGB aus Innsbruck, das in nahezu allen Medien wiederzufinden war und vom örtlichen Gewerkschaftsbund veranstaltet wurde.

6.1.4 Internet

Idee

Dem Internet kommt in der alltäglichen politischen Arbeit zunehmend mehr Bedeutung zu. Immer mehr Menschen, und das sind keineswegs nur mehr junge Leute, wenn man sich die steigende Zahl von Websites der Seniorenorganisationen ansieht, präsentieren sich im Internet, diskutieren hier ihre Anliegen, informieren ihr Umfeld (auch regelmäßig per Newsletter) über Aktivitäten und Zielsetzungen.

Wie kommt man aber an einen wirksamen Internetauftritt? – Will und kann man ihn im Team nicht selber technisch bewältigen, lässt sich aus dem angestrebten Ziel leicht ein Jugendwettbewerb machen. An Schulen, Hochschulen, vor Betrieben und in Fußgängerzonen laden wir per Plakat und/oder Flugblatt zum Wettbewerb ein: „Wer erstellt die anregendste, pfiffigste Präsentation der regionalen Gewerkschaftsvertretung." Auf einer späteren Veranstaltung, zu der wieder an den gleichen Stellen eingeladen wird, werden die drei ersten PreisträgerInnen und ihre Produktionen per Beamer vorgestellt.

Über diesen Weg kommt man recht günstig an eine Präsentation und findet zugleich von Anfang an die notwendige Beachtung.

Wichtig beim Internetauftritt ist die Aktualisierung. Nichts ist älter als die Zeitung von gestern; das gilt auch hier. Bei der Erstellung also darauf achten, dass einige Teile jederzeit ohne Aufwand eingeschoben werden können (Termine, kurze Berichte von Veranstaltungen und Aktionen, kurze inhaltliche Infos). Es ist technisch so möglich, dass auch ein Laie diese Aufgabe bewältigt, ohne es gleich in Auftrag geben zu müssen. Lediglich die Voraussetzungen müssen dafür geschaffen werden.

Nicht weniger wichtig ist die Möglichkeit der Diskussion. Auch hier lassen sich leicht entsprechende technische Voraussetzungen schaffen.

Wurden wichtige Aktualisierungen vorgnommen, sollte man das „die Welt" per Email kurz wissen lassen.

Auch für seinen Internetauftritt sollte man werben. Oft ist dazu das Gedruckte noch der wirksamste Weg.

Wir haben oben schon das Plakat vorgestellt, das auf seiner ganzen Fläche nur die Internetadresse wiedergibt. So macht es neugierig. Nicht weniger wichtig ist, dass Eure elektronische Adresse auf Briefbögen, Flugblättern, Plakaten und anderen Werbemitteln erscheint.

6.2 Aktionstechniken für die gewerkschaftliche Arbeit

Aktionstechniken sind in der politischen Alltagsarbeit vieler Großorganisationen noch eine Besonderheit. Viele verbinden mit diesem Instrument leider nur bloßen Aktionismus, unreflektierten Protest, und nicht die Veranschaulichung von Zielsetzungen und Problemsichten, die mediengerechte Darstellung von Botschaften und die Schaffung visuell anregender Gesprächsorte in Fußgängerzonen und vor Betrieben. In einer Mediengesellschaft bedarf es Bildern, um die Adressaten zu erreichen, um überhaupt Erwähnung zu finden. Dass eine Nachricht ohne Bild keine Nachricht sei, mag übertrieben sein, entbehrt aber nicht eines gewissen Wahrheitsgehaltes, wenn man sich Abläufe unserer Mediengesellschaft vergegenwärtigt. Politik als Ereignis zu gestalten, Politik als Ort und Anreger zur Kommunikation zu entwerfen, ist heute wichtiger denn je.

In Seminaren und Vorträgen ist häufig die Rede davon, dass „politisches Engagement auch Spaß machen" müsse. Gestalten wir den Alltag der politischen Arbeit aber wirklich so, dass man Lust gewinnt, hier mitzumachen, dass man eigentlich dabei sein möchte, dazugehören möchte? – Aktionen böten hier vielfältige Möglichkeiten für den Neueinsteiger ebenso, wie für die Kollegin, die gerne komplexe Inhalte und Zusammenhänge veranschaulichen möchte. Dennoch sei davor gewarnt, Aktionen zum Aktionismus verkommen zu lassen. Aktionen sollten Teil kleiner Strategiepakete sein, eingebunden in Vorhaben, die auf konkrete Ziele und ihre Erreichung abgestimmt sind. Nur so wird der Adressat auf Dauer einen Sinn darin sehen, hier zu verweilen oder gar mitzumachen.

Aktionen zu gestalten und in Strategien einzubetten bedarf der Mitwirkung vieler, der Experten/Expertinnen, der PlanerInnen, der „TechnikerInnen", der HelferInnen, der Multiplikatoren. Die Aktion bedarf häufig der qualifizierten Vorbereitung und wird doch immer spontan wirken. Sie kann aber auch kurzfristig im Team entwickelt sein und vielleicht sogar vor Ort gestaltet werden, gar im Dialog mit den ersten, verweilenden Passanten. Das schafft zusätzliches Interesse, vermindert den Aufwand und erhöht den Erlebniswert. Die Durchführung der Aktion wird immer bemüht sein, so einfach wie möglichst gestaltet zu sein, und doch steckt hierin auch ein Stück Qualität ihrer Entwicklung und Durchführung.

Aktionstechniken sind oft besser geeignet, komplexe Gedanken und Probleme zu veranschaulichen, als manches Thesenpapier. Sie regen zu mehr Gedanken und eher zu eigenem Engagement an, als die beste Beschlussvorlage, wie vielfältige Erfahrungen zeigen.

Aktionstechniken können in einer Zeit, in der wir immer mehr reale Gesprächsorte verlieren, in der wir dem „Tante-Emma-Laden" und der Dorflinde nachtrauern, in der Generationen und soziale Schichten immer sauberer getrennte Lebensräume aufsuchen, neue und zudem gemeinsame Gesprächsorte schaffen (s. Bodenzeitung), wenn auch zeitlich begrenzt. Sie bieten vielfältige Möglichkeiten der Mitwirkung und integrieren somit den an der inhaltlichen Arbeit Interessierten ebenso, wie den zunächst vielleicht nur an Fragen der technischen Realisierung interessierten Neueinsteiger.

Aktionstechniken stellen eine wirkungsvolle Ergänzung zu den klassischen Instrumenten politischer Arbeit (Gremiensitzungen, Veranstaltungen, Medien-/Pressekonferenzen,...) dar. Sie bieten eine zusätzliche Chance Botschaften in die Öffentlichkeit zu tragen und diese anschaulicher im Bewusstsein vieler Menschen zu verankern. Ein weiterer Vorteil dieser Technik ist ihr i.d.R. geringer personeller, organisatorischer und finanzieller Aufwand (wenn man ihn nicht unnötig erhöht), der die Aktion leicht mit anderen Instrumenten verknüpfbar macht, sie oft sogar ersetzen wird.

6.2.1 Wie konzipiere ich eine Aktion?
■ ■ ■ ■ ■

Im politischen Alltag neigen wir leicht dazu, jede beliebige Aktivität sogleich als Aktion zu bezeichnen. Schon aus diesem Grund will dieser Teil des Heftes den Begriff einschränken. Wir unterscheiden zunächst nach ihrem Zweck folgende Typen von Aktionen: Aktionen, die primär der Kommunikation mit Passanten dienen sollen, die einen Gesprächsort schaffen. Die Aktion als Kommunikationsanreiz, als Gesprächsort. Aktionen, die primär ein Ziel oder Problem veranschaulichen sollen, die medienwirksam komplexe Inhalte und Zusammenhänge erfassbar, erlebbar machen. Die Aktion als visueller Reiz, als visuelle Aufbereitung.

Es ist also keineswegs bei jeder Aktion von Bedeutung, wie viele Menschen an ihr aktiv oder passiv mitwirkten, um daran ihren Erfolg zu messen. Entscheidend ist mehr das gesetzte Ziel der Aktion, deren Gewicht auch allein auf der Medienwirkung liegen kann. Hieraus ergibt sich bereits, dass Aktionen in diesem Sinne auch als Bild dokumentierbar sein müssen. Das Foto sollte für sich selber sprechen und den späteren Leser zum weiterlesen anregen. Darauf gilt es auch bei der Gestaltung der Aktion und der eigenen Fotoerstellung zu achten.

Auch wird zu wenig überlegt, wie der Aktionsort genutzt werden soll. Man legt sein Material auf den Boden, gleichgültig, ob man vom Passantenstrom noch wahrgenommen werden kann, ob die Lesbarkeit noch gegeben ist, ob die Fotografen die Botschaft überhaupt auf das Bild bekommen: Man hat schließlich Flagge gezeigt und seine Pflicht erfüllt.

Nicht geringer sind die Probleme mit umfangreichen Debatten im großen Kreis, ob und wie man denn nun „auf die Straße gehen" soll. Sind wir jeder kommenden Frage gewachsen? Wird das Material überhaupt halten, wasserfest sein?
Unsere Checkliste spricht die wichtigsten Punkte an, die bei der Konzeption und Durchführung einer Aktion berücksichtigt werden sollten.

Unsere Beobachtungen bei vielen Anwendern lässt uns besonders auf die Auswahl des Standortes hinweisen: Achten Sie darauf, dass der Ort wirklich geeignet ist, nicht nur ihren Zielen und Ansprüchen genügt, sondern auch denen der Betrachter, der Medien und (bei kommunikativen Aktionen besonders) der Passanten.

Die Erfahrung zeigt zudem, dass die meisten Veranstalter ihre Aktion in viel zu kleiner Form (Fläche/Volumen) gestalten, vom Material her aber „zu perfekt" (vom Grafiker gestaltet, hochglänzend,...), statt die Attraktivität des Großen und Einfachen zu nutzen.

Es gibt tausend Bedenken, die die meisten Teams am Ende daran hindern, das Vorhaben tatsächlich umzusetzen. Hier wird urplötzlich ein Eifer um das Detail an den Tag gelegt, als gehe es darum, das Land mit nur einer Aktion zu verändern. Dafür ist die Wirkung von einer vereinzelten Aktionen doch etwas zu bescheiden.

Beachtlich an dieser Beobachtung ist, dass der gleiche Eifer bei der Gestaltung von ganz alltäglichen (meist wenig kommunikativen) Veranstaltungen nicht feststellbar ist. Das Ungewohnte zu realisieren, scheint die Neigung zum Perfektionismus erst richtig zu entfalten.

Es ist nicht aus einem Satirebuch, sondern erlebte Praxis, wenn da eine große Stadtorganisation einer Partei in einer Millionenstadt die Aktionstechnik BODENZEITUNG nicht verwirklichen kann, weil hier überall eine Baustelle sei, weil sich die Leute in dieser Stadt nicht bückten, weil sie hier wegfliege, weil hier zu viele Menschen seien, weil hier zu wenig Menschen seien, weil sie als Idee aus der Seniorenarbeit stamme und deshalb nicht auf Jugendliche übertragbar sei, weil es die Materialien hierzu in dieser Stadt nicht gäbe, weil sie vielleicht doch besser nur bei besonderen Anlässen eingesetzt werde, weil sie bei umstrittenen Themen wohl besser nicht angeraten sei, weil die Idee sonst vielleicht langweilig werde, weil. Die Hürden, Ungewohntes in die Praxis umzusetzen, sind oft höher als man glaubt. Schon aus diesem Grund setzt sich ein eigener Absatz dieses Heftes mit der Vermittlung dieser Ideen auseinander.

In jedem Fall gilt aber schon hier: Versuchen Sie zunächst Teile der Idee einem kleinen Kreis unmittelbar vor Ort und möglichst improvisiert erlebbar und erfahrbar machen, um weitere Planungen vornehmen zu können, ohne die ganze Kreativität auf Ideen zu konzentrieren, warum die Aktion „bei uns nicht" realisierbar ist.

Aktionen, soweit sie keine Gesprächsaktionen sind, sind für Medien ein Ereignis, ein Bild, das oft selber schon eine Nachricht ist. Die Medienforschung weiß, dass Artikel mit Fotos eine deutlich höhere Bereitschaft finden, gelesen zu werden, als Artikel ohne bildliche Unterstützung. Ein einmal gedrucktes Bild wird aber selten nochmals im gleichen Medium Aufnahme finden.
Dieses Phänomen setzt die Fähigkeit voraus, Inhalte in immer neue Bilder zu übersetzen, also auch immer neue Aktionen zu entwerfen.

Das mag zunächst äußerst schwierig erscheinen. In Wirklichkeit ist es leicht.

Wenn man von der freundlichen Unterstützung absieht, die sich schon daraus ergibt, dass kaum ein Problem, kaum ein Thema in unserem Land nicht in Zahlen erfasst wird, demnach immer als Fläche oder Volumen darstellbar ist, bleiben noch viele weitere Chancen, den Inhalt in ein Bild zu übersetzen, um ihn dann entsprechend zu „bauen", als Aktion zu entwerfen.

Aktionen finden dann oft besondere Aufmerksamkeit, wenn für den Passanten während der Betrachtungszeit immer noch Veränderungen erfolgen. Dies kann sich daraus ergeben, dass die Akteure immer weiter und weiter an der Aktion bauen, dass andere Passanten ihre Meinung ergänzen, indem sie etwas

Checkliste für Aktionen Teil 1

AKTIONSINHALTE
- An wen richtet sich die Aktion konkret?
- Welchen Charakter hat die Aktion?
  (kommunikativ, informativ, anklagend, stigmatisierend, verurteilend)
- Welches ist ihre wesentliche Aussage/Botschaft?

ZIELSETZUNG
- Welche Ziele wollen wir mit der Aktion erreichen?
- Passen Ziele und Aktionsidee/-gestaltung zusammen?

KOOPERATIONSPARTNER
- Mit wem läßt sich die Aktion gemeinsam veranstalten?
- Wer sollte in die Aktion einbezogen werden?
- Welche Vor-/Nachteile bringt diese Kooperation?

ZEITPLANUNG
- Nicht zu engen Zeitplan visuell im Team festlegen und jedem Teammitglied mitgeben.

MATERIALIEN UND STANDORT
- Welche Materialien benötigen wir für die Aktion?
- Gibt es preiswertere, anschaulichere, leichter transportierbarere und handhabbare, großflächigere Alternativen?
- Sind diese Materialien auch bei ungünstigen Bedingungen einsetzbar?
- Haben wir alle Risiken (z.B. Befestigungsprobleme) bedacht?
- Ist der Ort und genaue Standort für uns _und_ Medien (bei kommunikativen Aktionen auch für die Passanten) günstig?
- Ist der Ort mit dem Einsatz der gewählten Materialien vereinbar?
- Ist den Beteiligten der Umgang mit den Materialien vertraut?

ORGANISATION
- Aufgaben und sich daraus ergebenden Personal- und Zeitbedarf ermitteln.
- Zuständigkeiten für bestimmte Aufgaben bei der Vorbereitung und Durchführung der Aktion im Team festlegen. (möglichst visuell für alle sichtbar, ggf. Ersatzpersonen benennen)
- Die ganze Aktion aus der Sicht des Veranstalters UND aus der Sicht der Passanten und der Medien durchspielen, um Mängel im Aufbau und Ablauf frühzeitig zu erkennen.
- Genehmigung beim Ordnungsamt einholen.

KOSTENPLAN
- Welche Finanzmittel werden für die Aktion benötigt und gibt es preiswertere Alternativen?

ÖFFENTLICHKEITSARBEIT
- Ankündigung der Aktion an alle Medien (Zeitungen, Hörfunk, TV, Agenturen, Regionalzeitungen, Wochenblätter) mit Hinweis auf den Charakter der Aktivität geben. (Fotografierbarkeit, wichtigste Gründe für die Aktion)
- Eigene Medienmitteilung vorbereiten und mit Foto sofort nach der Aktion nicht vertretenen Medien zuleiten.
- Hintergrundpapier für anwesende Medienvertreter vorbereiten, ggf. auch für eine Medien- oder Pressekonferenz oder GesprächspartnerInnen.
- Darauf achten, dass geeignete Fotomotive zur Verfügung stehen, die nicht verdeckt sind. (z.B. fotografierbare Aktivität: Passant kreuzt gerade eine Aussage auf der Bodenzeitung an)

PERSONALBETREUUNG
- Bei allem Zeitdruck darauf achten, dass das Aktionsteam nach Abschluß der Aktion noch kurz zusammensitzen kann (Erfahrungsaustausch, Dampf ablassen, „klönen"). Das ist wichtig für den Erhalt der Motivation.
- Darauf achten, NEUE zunächst in kleine Aufgaben bei der Aktion einzubeziehen, um sie für ein weiteres Engagement zu gewinnen.
- Braucht das Team noch zusätzliche inhaltliche Informationen?

VERKNÜPFUNG MIT ANDEREN MASSNAHMEN
- Haben wir die Aktion in bisherige und weitere Aktivitäten ausreichend eingebunden?
- Ist abgesichert, dass die Durchführung der Aktion in unseren Gremien im Anschluß wahrgenommen wird?

AUSWERTUNG
- abschließende kritische Bewertung der Aktion

Der Interaktion kommt für den Erlebnischarakter, für die Bereitschaft zu Verweilen und für die dauerhafte Aneignung der Botschaft erhebliche Bedeutung zu.

6.2.2 Aktionen, die Gesprächsorte schaffen

■ ■ ■ ■

Eine wesentliche Funktion möglicher Aktionen ist es, gleichberechtigte Gespräche über die Botschaft zu erzeugen, die Anlass zu dieser Aktivität waren. Dieser Effekt ist nicht bereits zwangsläufig dadurch gegeben, dass Passanten verweilen. Eine Dixiland-Band am Infotisch würde ebenso als Stopper wirken, aber wohl kaum automatisch Gespräche über Arbeitsmarktpolitik erzeugen. – Nicht selten geben sich die Veranstalter von Aktionen aber genau mit diesem Effekt zufrieden und hoffen(!), dass ihre Akteure das Gespräch mit den Passanten über die Inhalte suchen. Auch das ist meist nicht gegeben. Die Ursache liegt hier nicht in der Unfähigkeit der Akteure am „Stand", sondern mehr darin, dass sie selber von der Musik, der Kindermalaktion, der Verköstigung mit Erbsensuppe so abgelenkt werden, dass sie kaum mehr Impulse und Anknüpfungspunkte zum Inhalt der Aktion finden, um ein entsprechendes Gespräch zu erzeugen. Die Kraft und Fähigkeit zur Gesprächsführung, die der Einzelne nun aufbringen muss, um den Passanten in ein inhaltliches Gespräch über die eigene Botschaft zu verwickeln, ist bei Aktionen dieses Typs erheblich höher, als bei Gesprächsaktionen, die bereits durch ihre Gestaltung Inhalte als

visuellen Reiz in den Mittelpunkt stellen Bei der Konzeption gleichberechtigter Gesprächsaktionen müssen eine Reihe von Punkten Beachtung finden, will man dem eigenen Team und den Passanten das Gespräch, den Einstieg in dieses und die Bereitschaft es überhaupt zu führen erleichtern:

▣ Es muss einen visuellen Reiz geben, der Passanten und Akteure möglichst dicht bei dicht, nebeneinander verweilen lässt (nicht als Gegenüber, denn das baut anfängliche Kommunikationshürden auf).

▣ Der Passant muss sich in gleichberechtigter Runde fühlen. Bei Gesprächsaktionen sind T-Shirts, die das Team bereits ausweisen, große Buttons oder Namensschilder eher ein Hindernis, vor allem für jene Passanten, die noch keinen Bezug zum Thema oder zur veranstaltenden Organisation haben. Auch parallele Flugblattverteilaktionen in unmittelbarer Nähe des Gesprächsortes haben auf den inhaltlich noch indifferenten Passanten eher abschreckende Wirkung und lassen ihn auf Distanz gehen. Will man sich also nicht nur mit den bereits positiv oder negativ positionierten Bürgerinnen und Bürgern unterhalten (und von denen wird es sicherlich auch schon genug geben), dann sollte man alles vermeiden, was visuell die Gleichberechtigung zerstört. Wird einer darstellenden, symbolischen Aktion ein Gesprächsort zugefügt, sollte er etwa 8 – 10 m Abstand wahren.

▣ Das Verteilen von Infomaterial bei Gesprächsaktionen ist durchaus möglich, wenn man auf einige Punkte unbedingt achtet: Infoblätter sollten zunächst nicht in der Hand sichtbar sein, sondern

Ein einfacher Weg neue Ideen für Aktionen zu entwickeln.

erst nach dem Gespräch aus einem Karton oder einer Tasche genommen werden. PraktikerInnen haben festgestellt, dass so oft mehr Infoblätter umgesetzt werden als bei mancher klassischen Verteilaktion. Zudem wird beobachtet, dass auf diese Weise weitergegebene Infoblätter nahezu überhaupt nicht im Umfeld der Aktion weggeworfen werden. Diese Hinweise zur Erhaltung der visuellen Gleichberechtigung sind für den Erfolg von Gesprächsaktionen von außerordentlicher Bedeutung.

Die meisten Passanten entscheiden bereits im Abstand von über 50 m zum Aktionsort, ob sie ihn aufsuchen werden, ob sie im Sicherheitsabstand von ca. 8 m nur einen kurzen Blick draufwerfen wollen und sich zugleich bemühen werden, jedem Ansprechversuch sofort zu trotzen. Bereits in diesem Abstand

wird also entschieden, ob man sich der „Gefahr" eines möglichen Gesprächs aussetzt. Bereits in diesem Abstand geht einem eine Vorstellung davon durch den Kopf, was passieren würde, wenn man auf den Ort des Geschehens zuginge. Ist dieses Bild dann eher so, dass man sich einer Situation „allein gegen alle" ausgesetzt sieht, wird dies bei jenen Passanten, die keine positive oder negative Positionierung zum Veranstalter mitbringen, dazu führen, einen Sicherheitsabstand zu wählen.

Was man bei der Gestaltung von kommunikativen Aktionen zudem berücksichtigen muss, sind die Ängste der eigenen Akteure. Auch sie fühlen sich oft den Unwegbarkeiten möglicher Gespräche nicht gewachsen. Man kann natürlich jede und jeden Aktiven zunächst einer Schulung aussetzen. Dieser Aufwand wird sich bei größeren Organisationen kaum als nützlich erweisen, obgleich Scharen von Trainern ihr

Aktion mit Bodenzeitung und Europafahne
ergänzt um einige Infofelder als Gesprächsort

Brot damit verdienen. Warum kann man nicht einfach die Aktionsform so gestalten, dass sie zwangsläufig kommunikativer, gleichberechtigter, angstabbauender ist, statt Akteure darauf zu schulen, wie sie am nichtkommunikativen Stand, das Gespräch suchen, Ängste abbauen, Gleichberechtigung herstellen; zumal Verhalten über Bildungsmaßnahmen oft nur sehr schwer zu verändern ist.

Passant und AkteurIn sollten sich in der Situation wohl und sicher fühlen, das Gefühl haben, mit Ihresgleichen zu reden oder mit Ihresgleichen das Gespräch mit Verantwortungsträgern zu suchen. Es versteht sich von selber, dass der Veranstaltungsort nicht zu laut sein sollte (Nicht der Kreuzungsbereich einer Fußgängerzone zu einer Straße, wenn man den Ort auch in die Fußgängerzone verlegen könnte), nicht zu offen sein (nicht der Mittelpunkt eines Platzes, wenn die Menschen eher den Weg an den Fassaden entlang suchen), nicht primär ein Ort sein, den man nur eben schnell durchqueren will (Bahnhofshallen und Bereiche um Fußgängerampeln veranlassen den Passanten eher sein Ziel im Auge zu behalten, als sich Neuem zuzuwenden).

Gleichberechtigre Aktionsformen sollten in den Laufstrom soeben hineinreichen, aber keineswegs blockieren. Sie sollten optisch anregend und einladend gestaltet sein, ggf. in großer Form eine Frage anbieten oder überhaupt zur Interaktion einladen (siehe: Aktion Bodenzeitung).

Die Aktion sollte anregend sein, zum Nachdenken anregen, aber nicht zu provokativ sein, wenn man bei den Passanten Vertrauen schaffen will. Sie sollte sich mit den bisherigen Erfahrungen und Meinungen der Passanten verbinden lassen und den Dialog suchen.

Aktion: „BODENZEITUNG STATT INFOTISCH"

Idee

Der Infotisch mit Tisch, Schirm, Broschüren und Luftballons ist eine der traditionellsten Techniken der Straßenwerbung: Zwei stehen hinter einem Materialtisch und hoffen auf Interesse. „Man zeigt Flagge", begründen viele diese Technik ungeachtet der wenigen Gespräche und der geringen Aufmerksamkeit, die diese Technik erzeugt.

Der klassische Infotisch, so haben Erfahrungen und Untersuchungen gezeigt, spricht primär diejenigen Passantinnen und Passanten an, die bereits in positiver oder negativer Weise zum Aussteller eine festgelegte Meinung haben. Soziale Minderheiten, unorganisierte und der sogenannte „unentschlossene Bürger" nutzen dieses Informationsinstrument so gut wie nicht. Somit erfüllt der Infotisch letztlich seine eigentliche Aufgabe nicht.

Vor mehr als 15 Jahren wurde von uns im Niederrhein eine Alternative gesucht und entwickelt, die es engagierten Menschen ermöglicht, mit einfachstem finanziellen, organisatorischem und personellem Aufwand in einer gleichberechtigten Situation mit Bürgerinnen und Bürgern ins Gespräch zu kommen.

Eine ca. 4 qm große Folie mit einer Frage als Überschrift und mehreren Antworten zum Ankreuzen, „die Bodenzeitung", stellte sich als deutlich kommunikativeres Instrument heraus.

Die Bodenzeitung hat wie kaum ein anderes Instrument gezeigt, dass kommunikative, gleichberechtigte Politiktechniken Bürgerinnen und Bürger zu erreichen vermögen, dass Politikverdrossenheit vielleicht auch eine Frage der Ansprache, der Wahl Technik ist, also durchaus zu verändern wäre.

Durchführung

Eine Frage mit Anrede(!) mit breitem Filzstift über die ganze Breite (ca. 3 m) einer durchsichtigen Abdeckfolie oder weißen Gewebeplane schreiben. Die Folie kann mit Papier oder vielleicht auch farbiger Lackfolie als Kontrast unterlegt werden.

Etwa 8 Antworten zum Ankreuzen in den linken Zeilenblock unter die Frage schreiben. Rechts bleibt für die Passanten Platz zum Ankreuzen der Antworten, denen sie besonders zustimmen wollen. In die unterste Spalte wird in ganzer Breite der Herausgeber geschrieben bzw. das Logo eingefügt.

Die Folie mit Klebeband oder Dachpappennägeln in den Rissen des Bodens oder in Spalten zwischen Platten befestigen.

Tipps zur Durchführung

- Die Aktiven stehen gleichberechtigt mit im Kreis (ausgerichtet auf den Text) und geben im Gespräch mit dem Passant den Filzstift zum Ankreuzen weiter. („Was sagen Sie dazu?")

- Standort sorgfältig aussuchen und Aktion im Team mit min. 3 Personen durchführen.

- Die Bodenzeitung keinesfalls an eine Stellwand hängen. Das halbiert fast die Zahl der Menschen, die verweilen.

- Die Aktion nicht mit traditionellen Infotischen kombinieren.

Wenn Sie mehr Informationen visuell vermitteln wollen, können Sie die Bodenzeitung am linken Rand um eine Spalte verbreitern und hier mit Infografiken oder Fotos mit kurzen Texten als Hintergrundinformation ergänzen. Dieses Papier ggf. mit Klarsichtfolie überkleben, damit sich das Material wetterfest wird.

Soll diese Bodenzeitung wiederholt eingesetzt werden, decken Sie die Fläche mit einem zweiten Stück Abdeckfolie ab, dass über die Spalte zum Ankreuzen geklebt wird. Man kann die Abdeckfolie leicht mit einem Klebestift befestigen und so nach der Aktion mühelos abziehen.

Was erwarten Sie von einer engagierten Gewerkschaft?

Darüber habe ich noch nicht nachgedacht.	XXXX
Einsatz für die Belange „kleiner Leute". Dass sie sich für die Übernahme der Azubis einsetzt.	XXXXXX
Dass man als Frau hier gleichberechtigt mitmischen kann.	XXX
Eigentlich recht wenig.	XXX
Dass sie mehr das Gespräch mit den Bürgern und Bürgerinnen sucht.	XXX
Dass sie sich für Arbeitnehmerinteressen auch außerhalb des Betriebs einsetzt	XX
Dass sie für einen da ist, wenn man sie braucht	XXXX

Die Bodenzeitung: eine der effektivsten Gesprächsaktionsform und zugleich mit geringsten Aufwand verbunden.

Andere Fragebeispiele und damit Zwecke:

- Können Sie sich vorstellen, sich zu engagieren?
- Können Sie sich vorstellen, Mitglied der Gewerkschaft zu werden?
- Wie würden Sie ein freies Jugendprojekt finanzieren?
- Können Sie sich vorstellen, unser Sommerfest am 20.7. zu besuchen?
- Wie sehen Sie die Situation älterer Menschen?
- Was erwarten Sie von unseren Kandidaten zum Betriebsrat?

Aktion: „ZAHLEN SICHTBAR MACHEN"

Idee

Keinesfalls so kommunikativ wie die „Bodenzeitung", aber als Gesprächsort empfehlenswert ist die Idee, eine statistische Zahl als Fläche ganz mit Pappscheiben sichtbar zu machen oder auch als Volumen mit Hilfe von Kartons zu präsentieren (Säulenstatistik z.B.). Für uns alle sind Zahlen in ihrer wirklichen Größe kaum vorstellbar, damit oft ein Grund, bei ihrer großflächigen Visualisierung eine Moment zu verweilen, um sie sich zu vergegenwärtigen. Bei dieser Aktion kommt es darauf an, möglichst viel Fläche

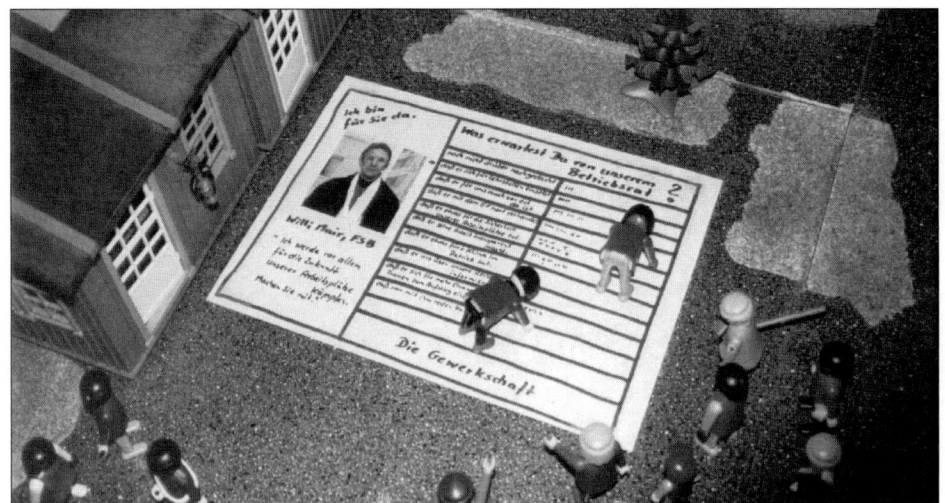

Modell einer Bodenzeitung mit zusätzlicher Informationsspalte

bzw. ein möglichst großes Volumen zu wählen. Mit Passanten, die sich dieses Bild ansehen, kommt man über eine kurze Frage leicht ins Gespräch ("Haben Sie das gewusst? Was sagen Sie dazu?") .

Durchführung

Eine sehr einfache Lösung, um große Zahlen zu veranschaulichen, kann die Auslage von Bierdeckeln sein (oft auf der Rückseite nicht bedruckt und über verschiedene Brauereien, Getränkevertriebe in jeweils größerer Stückzahl kostenlos erhältlich).
Geht es darum Säulen zu bauen, können Umzugskartons, die man etwas beschwert, oder aber auch Restrollen Bodenbelag oder Wellpappe weiterhelfen.

Beispiel

Für die z.B. 8200 Arbeitslosen am Ort legen wir pro Betroffenem eine Pappscheibe aus. Eine nach der anderen, ganz langsam, damit die Aktivität als besonderer Anreiz zum Verweilen erhalten bleibt. In der Mitte liegt/steht ein Infotext mit unseren Aussagen.

z. B.

8200 Menschen suchen am Ort Arbeit. Hier legen wir für jeden einen Punkt aus. Wir denken, dass hier etwas geschehen muss und schlagen deshalb vor,... ABC

Aktion: „WO DRÜCKT DER SCHUH?"

Idee

Sehr kommunikativ ist auch die Aktion „Wo drückt der Schuh?" Im Mittelpunkt der Aktion steht ein Schuh aus Holz, Pappe oder ganz einfach auf ein Transparent gemalt. Auf ihm steht das Motto der Aktion und das Logo des Herausgebers.

Passanten können auf Karten an ihm ihre Sorgen und Vorschläge anbringen. Wir hängen in anderer Farbe unsere Ideen an und Problemsichten an. Der Schuh sollte auf eine farbige etwa 2 x 3 m große Fläche gestellt werden, um den visuellen Effekt zu verstärken.

Straßenzeitung gegen Ausländerfeindlichkeit

WEISSENBURG – Eine nicht alltägliche Aktion gegen Rassismus und Fremdenfeindlichkeit führte in der vergangenen Woche die DGB-Jugend in Weißenburg in der Spitalanlage durch. Mit einer „Straßenzeitung", die sie auf dem Pflaster befestigten, wollten sie die Meinung der Weißenburger Bevölkerung zur Situation ausländischer Mitbürgerinnen und Mitbürger sowie der Asylanten erkunden. Diese neue Form von Kommunikation rief großes Interesse bei den Passanten hervor. Spontan nahmen viele die beteiligenden Stifte in die Hand und bekundeten ihre Solidarität mit den Ausländern. Unerwartet große Zustimmung erfuhr dabei die Aussage, daß eine Änderung der Grundgesetzartikels 16 nichts an der Flüchtlingsnot und Zuwanderung ändern werde. Mit dieser Aktion, so Steffen Arndt, Vorsitzender der DGB-Jugend, sei es gelungen, auch ohne das Verteilen von Informationsmaterial, mit der Bevölkerung ins Gespräch zu kommen.

Foto: WT

Ähnlich gestaltet könnte auch eine Abstimmung sein. Hier wird eine große Fläche vorbereitet (ca. 4 x 2 m), auf der eine Frage zur Abstimmung einlädt. Unter ihr kann man durch Setzen von Punkten seine Wertung für eine Sache abgeben oder schätzen, wieviel Prozent der BürgerInnen eine bestimmte Meinung teilen. Auch das regt Passanten in hohem Maße zu Gesprächen an. Anziehungspunkt sind bei beiden Varianten vor allem die Meinungsbekundungen anderer Bürgerinnen und Bürger.

Aktion: „THEATERAKTION"

Idee

Etwas ungewöhnlicher ist diese Form der Kommunikation: Zwei bis drei Akteure besteigen einen Bus und setzen sich verteilt, diagonal rechts und links sitzend in verschiedene Reihen. Plötzlich beginnt A mit B über die Köpfe der anderen Fahrgäste hinweg ein

Eine einfache Aktion, die Gesprächsbereitschaft signalisiert und viele Impulse bringt.

Gespräch. B und C antworten, fragen erneut und antworten. Dann fragt jeder der Akteure seinen Nachbarn und seine Nachbarin, was er/sie dazu sagt. In der Folge ist meist der ganze Bus ins Gespräch vertieft.

Durchführung

Aus Lateinamerika kommt diese Idee, Menschen zu einem Gespräch zu inspirieren:
Wir sitzen beide z.B. in einem Linienbus, mein Kollege zwei Reihen vor mir. – Ich rufe ihm zu: „Du, Hans, hast Du gestern Abend die Talkrunde gesehen? Was sagst Du dazu, dass man schon wieder mehr Rüstungsexporte fordert, wo es schon so viele Kriege gibt? Er antwortet kurz: „Fritz, das kommt davon, wenn in der Politik Werte keine Rolle mehr spielen, nur die Finanzinteressen zählen."
Nun richten Sie sich beide an Ihre Nachbarn und fragen: „Was sagen Sie dazu?" Viele andere werden in diesem Moment ebenfalls darüber ins Gespräch kommen oder zuhören.
Eine kurze Medienmitteilung kann von der Aktion, ihrem Inhalt und Verlauf berichten.

*Zwei Puppen aus Strohballen
im Gespräch über Politik.*

Aktion:
„MEIN SCHREIBTISCH STEHT BEI IHNEN VOR ORT" (SPRECHSTUNDE VOR ORT)

Idee

Warum eine Sprechstunde veranstalten, zu der kaum jemand kommt oder nur schwer die Hürden nimmt. Anregender und auch spektakulärer ist es, wenn man einen alten Schreibtisch (ggf. auch mit Tuch abgedeckte Konstruktion aus Pappe in gleichem Format) mit einigen üblichen Utensilien aufbaut und eine mit dem Motto beschriftete Stellwand hinzufügt. Das Gespräch sucht man nun stehend (keinesfalls sitzend) ggf. an Bistrotischen.
Ist die Aktion einmal realisiert, sollte man Fotos von ihr auf Plakatständern (s.o.: „Hast Du schon gehört?") und im Schaukasten weiterverwenden und die Quintessenz der Gespräche hinzufügen.

6.2.3 Aktionen als visueller Reiz – Aktionen, die Inhalte veranschaulichen

Der Erfolg von Aktionen muss keineswegs daran gemessen werden, wieviel Passanten sich bei ihr eingefunden haben. Sie haben auch dann eine Berechtigung, wenn sie nahezu ausschließlich als Medienereignis stattfinden, also eine Botschaft nur kurzfristig visualisieren und über die Presseberichterstattung ihren Adressaten suchen. Andere Aktionen wollen dem vorübergehenden oder -fahrenden Passanten schnell eine visuelle Nachricht zukommen lassen. So stellte kürzlich eine Polizeibehörde in der Nähe einer Diskothek drei in einander verkeilte Autos auf, um die Gäste der Disko zu mehr Vorsicht im Verkehr zu mahnen.

Bei diesen Aktionen ist es besonders wichtig, das BILD sehr genau zu komponieren, die Botschaft also sehr genau in ein entsprechendes Bild zu übersetzen. Der Betrachter muss auf Anhieb verstehen, um was es hier geht, da er keine weitere Erläuterung erhält und sich zudem eher ärgern wird, wenn er nicht versteht was ihm „der Dichter damit sagen wollte".

Das Problem, dass beispielsweise diese Straße zu laut sei, werde ich nicht durch fünf nebeneinanderstehende PKW's übermitteln, die auf dem Foto anschließend eher die Botschaft „Stau" oder „Parkplatz" transportieren.

Drei Personen, die hier symbolisch stehen und sich die Ohren zuhalten, ergänzt durch 10 Strichmännchen auf einem 8 x 3 Meter großen Transparent neben ihnen, die das gleiche tun, transportieren die Botschaft eindeutiger.

Gerade bei diesen Aktionsformen ist darauf zu achten, dass sie großflächig gestaltet werden. Besonders in Metropolen wird die Aktion erst durch ihre spektakuläre Größe zur Nachricht werden. 3 x 3 Meter sind kaum einer Redaktion eine Zeile wert.

Die Aktion sollte das Motto und das Logo des Herausgebers deutlich transportieren. Weitere textliche Unterstützungen sind denkbar. Bei ihrer Formulierung sollte aber wieder auf ihre Allgemeinverständlichkeit geachtet werden. Es ist nicht abwegig, den Entwurf mal schnell einem Aussenstehenden zu zeigen. Ist er oder sie nicht innerhalb von Sekunden und ohne jede helfende Erläuterung in der Lage, die gedachte Botschaft zu benennen, sollte die Aktion umgestaltet werden.
Will ich am Rande der Aktion doch mit Passanten ins Gespräch kommen, empfiehlt es sich, auf die Techniken zurückzugreifen, die unter der Überschrift „Aktionstechniken als Gesprächsort" beschrieben wurden.

Auf den folgenden Seiten werden eine Reihe von Aktionen vorgestellt, die als Anregung zur Durchführung dienen, aber auch zur Entwicklung eigener Ideen nach dem gleichem Prinzip.

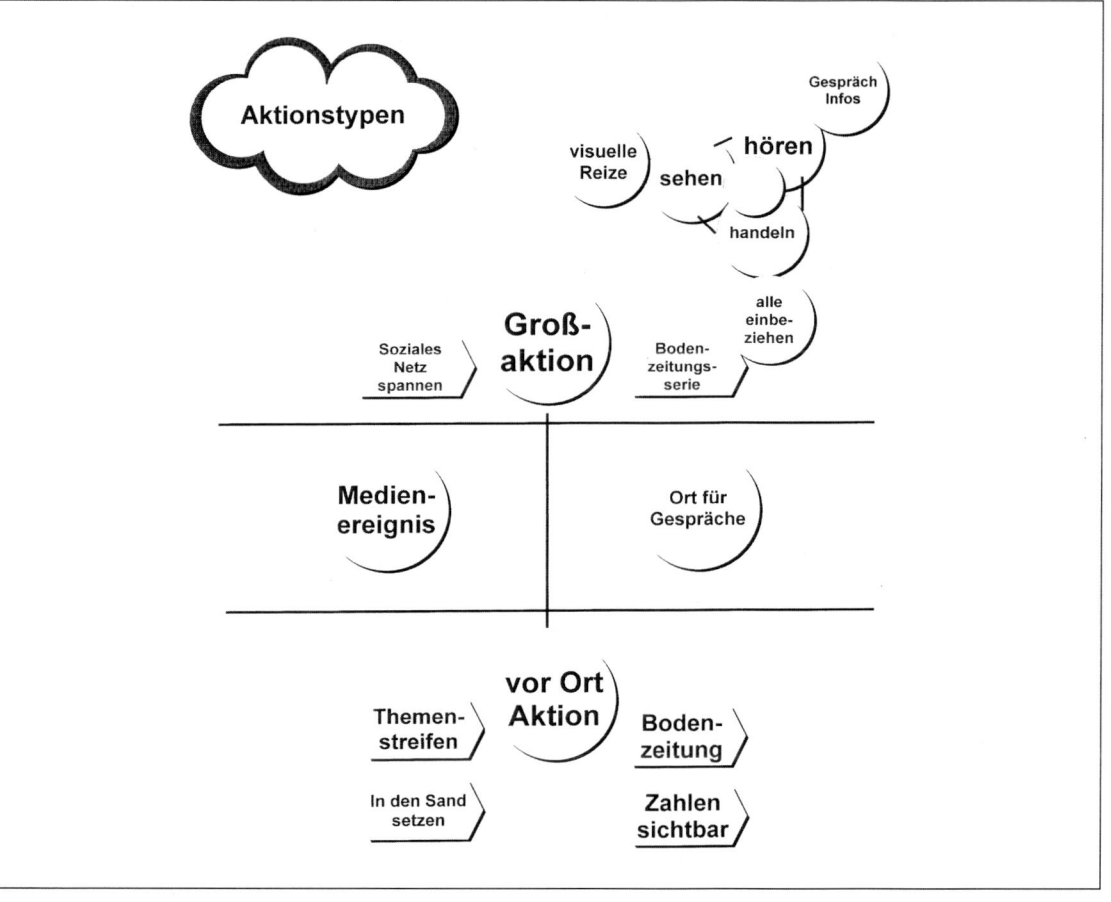

ARBEITSPLÄTZE SICHTBAR MACHEN

Idee

Auf dem Boden liegen unzählige DIN A0 Bögen auf denen jeweils groß ein Firmenname steht. Unter ihm steht jeweils die Zahl der Beschäftigten im Jahr 1990 und heute.

In der Mitte der Aktionsfläche steht auf einer ausgelegten Gewebeplane (ca. 4 x 5 m):

„Wir machen es für Sie anschaulich!"

Fast alle Betriebe bauten Stellen ab, gleich wie ihre wirtschaftliche Lage ist. Deshalb setzen wir uns für die Erhaltung von Arbeit und die Schaffung neuer Arbeitsplätze ein."
Dieses Transparent trägt den Namen und das Logo des Herausgebers.

Die Aktion knüpft an bekannte Namen an, um die Notwenigkeit einer Forderung zu unterstreichen. Die Idee kann vielfältig abgewandelt werden.

So könnten auch Firmennamen mit der Zahl der männlichen und weiblichen Beschäftigten notiert und jeweils die Zahl der Frauen in Führungspositionen ergänzt werden, um die fehlende Gleichberechtigung in dieser Frage und die Notwendigkeit zum Handeln zu unterstreichen.

BÜGELOLYMPIADE

Idee

Auf den ersten Blick scheint die Aktion der Forderung nach Gleichberechtigung der Frau nicht zu dienen. Der zweite wird den Betrachter eines Besseren belehren: In eine Fußgängerzone stellt man 12 oder mehr Bügelbretter mit Bügeleisen auf eine farbige Grundfläche. Auf ihr informiert der Veranstalter etwas ironisch: Hier können Männer ein Zertifikat erwerben, das zuhause zu neuen Tätigkeitsfeldern berechtigt". An den Bügelbrettern hängen Daten und Fakten zur Gleichberechtigung der Frau in Betrieb, Haushalt und Gesellschaft überhaupt.

Die freche Form der Gestaltung dieser Aktion verschafft ihr ein überwältigendes Medienecho, und das sehr wohl mit Erwähnung vieler Hintergrundinformationen, die an den Brettern aufbereitet dargestellt wurden. Bei den Passantinnen und Passanten findet die Aktion ein durchweg freundliches Echo, was die Bereitschaft zum Gespräch und zur Einprägung der Forderung und des Veranstalters deutlich erhöht.

Material

- 12 Bügelbretter;
- DIN A0 Bögen mit Hintergrundinformationen;
- Lackfolie (20 m) von der Rolle (ca. 8,- Euro bei der Metro) als Aktionsuntergrund mit Titel der Aktion und Logo

DAMIT WIR NICHT UNTER DIE RÄDER KOMMEN

Idee

Nur zu häufig ist im Volksmund davon die Rede, dass dieses und jenes Gefahr läuft, unter die Räder zu kommen.

An dieser gängigen Formulierung knüpft diese Aktion an, zu der man einen Berg Altreifen aufschichtet und von dem Berg ausgehen auf Textbändern verdeutlicht, was Gefahr läuft, unter die Räder zu kommen (Räder vom Reifenhändler leihen).

Ein Schild auf dem Berg, oder ein Band um den Berg herum gelegt, informiert über den Titel der Aktion und den Veranstalter.

Material

- Altreifen, nicht unter 15 (um so größer die Stadt des Veranstaltungsortes, um so mehr Reifen);
- Papier oder Kunststoffbänder (Lackfolie, Gewebeplane);
- Plakatständer oder Holzplatte

DER STEIN DES ANSTOSSES

Idee

Häufig wollen Aktionen veranschaulichen, dass es ein Problem gibt, wie es ggf. zu lösen wäre. Hier könnte diese Idee weiterhelfen: Je nach Veranstal-

tungsort etwas größer wird ein bizarrer Felsen zum Mittelpunkt der Aktion. Er besteht aus Wellpappe oder Papier, um ein Gerüst oder einen Berg Kartons drapiert und mit geeigneter Farbe besprüht oder gestrichen.

Der „Stein" wird mit dem Motto der Aktion („Stein des Anstoßes") und ggf. dem Logo beschriftet. Vor ihm liegt ein Transparent, das zusätzlich über das Aktionsmotto und den Veranstalter informiert. Weitere Flächen informieren über mögliche Lösungen.

Material

- Papier, Pappe;
- Kartons, Gerüst;
- Graue Farbe;
- Gewebeplane;
- aufklebbares Logo

Auf einfachste Weise veranschaulichen hier österreichische GewerkschafterInnen, dass sie sich nicht „überrollen" lassen wollen.

DIE WÜRFEL SIND (NOCH NICHT) GEFALLEN

Idee

In ähnlicher Weise könnten ein oder mehrere Riesige Würfel (mindestens 2 x 2 x 2 m) optischer Anziehungspunkt sein. Mit der Aktion könnte über Verhandlungsergebnisse ebenso informiert werden, wie über die Kritik an Ergebnissen, um neuerliche Verhandlungen zu fordern.

Material

- Gerüst, Kartons, Holzplatten;
- Papier, Gewebeplane;
- Farbe, Filzstifte

Dieses Bild des Volksmundes verwenden wir, um ein Ergebnis gemeinsamen Engagements vorzustellen oder zu präsentieren, wie wir uns die nächsten Schritte zur Zielerreichung vorstellen, für die wir nun kämpfen wollen.

GRAS DRÜBER WACHSEN LASSEN

Idee

Zu leicht gerät in der Öffentlichkeit in Vergessenheit, was möglicherweise ursächlich von höchster Bedeutung für eine anstehende Entscheidung ist. Ist den Veranstaltern genau das wichtig, nämlich der Öffentlichkeit etwas in Erinnerung zu rufen, dann kann ihm mit dieser Aktion gut weitergeholfen werden:

Eine große Fläche aus Kunstrasen oder wirklichem Rasen lässt an verschiedenen Stellen große Tafeln hervorkommen, auf denen genau das steht, worüber so manche gerne Gras wachsen lassen möchten.

Eine textliche Umrandung der Aktion informiert über Motto und Veranstalter, sowie über Hintergrundinformationen.

Material

- einige Bahnen Kunstrasen;
- Karton für Schilder;
- Gewebeplanen, Lackfolie für textliche Umrandung;
- Breite Filzstifte (Edding 850) oder Farbe

HAUS AUF SAND GEBAUT

Idee

Nicht selten erscheinen einem die Voraussetzungen, die die Entscheider zur Grundlage genommen haben, auf die Gegner ihre Argumentation aufbauen, wenig stabil zu sein. Auch das lässt sich in einer Aktion leicht veranschaulichen.

Da reicht schon eine Fläche von 10 x 10 oder mehr Metern, die dünn mit Sand bedeckt wird. Auf sie setzt man einige rechteckige, grau gestaltete Kartons (Steine), die zum Teil so angeschnitten sind, dass sie den Anschein machen, halb im Sand versunken zu sein. Sie können zusätzlich mit Aspekten des Anliegens beschriftet sein.

Ein größerer Karton in der Mitte sollte wieder über das Motto der Aktion und den Veranstalter informieren.

Material

- dünne Folie als Grundlage zur Abdeckung mit Sand, das erleichtert das Abbauen der Aktion;
- Sand;
- Kartons;
- Farbe, Filzstifte;
- aufklebbares Logo des Veranstalters

KLAGEMAUER

Idee

Diese Idee ist inzwischen häufiger zu sehen: Die Klagemauer. Sie besteht in der Regel aus unzähligen, beschrifteten Kartons, aufgeschichtet zur Mauer. In beachtlicher Größe kann sie durchaus auch heute zum Ereignis werden, das im Gedächtnis bleibt, vielleicht auch Medien anregt. Alternativ sieht man inzwischen häufiger an einer langen Leine diverse Zettel hängen, die ein Problem in vielfältiger und oft sehr persönlicher Form schildern.

Material

- Kartons;
- Filzstifte

LICHTERAKTION

Idee

Licht hat immer eine ganz besondere Anziehungskraft. Es bietet natürlich auch für Aktionsformen vielfältige Möglichkeiten.

Wir könnten unser Anliegen mit vielen, einzelnen Lichtern auf die Straße schreiben oder einen Text mit unzähligen Lichtern beleuchten.

Eindruckvoll sind auch die bereits beschriebenen Großflächencomics, wenn sie von hinten mit Halogengartenstrahlern angestrahlt werden.

Material

- Teelichter in Pappbechern;
- Gewebeplane

▨ ▨ ■ ▪ WIR LASSEN UNS KEIN X FÜR EIN U VORMACHEN

Idee

Der bekanntgewordene Vorschlag findet nicht unsere Unterstützung? Die Argumentation der Gegenseite zu unseren Vorschlägen scheint uns in keiner Weise fundiert zu sein? – Auch das ist eine gute Gelegenheit für die Nutzung einer Aktionstechnik.

Aus großen Papp- oder Holzplatten, ggf. auch mit Hilfe einer Gewebeplane, stellen wir auf den Marktplatz ein überdimensionales „X" und „U". Eine unterliegende, farbige Bodenfläche informiert über Motto und Veranstalter der Aktion. Weitere Flächen oder Würfel (möglichst keine Plakatständer) informieren über Hintergründe.

Ebenso leicht erstellt wie verständlich ist die Aktion „Kein X für U, die Zusammenhänge verdeutlichen will.

Material

- ▨ Karton- oder Holzplatten;
- ▨ Gewebeplane oder/und Lackfolie;
- ▨ Farbe oder dicker Filzstift

▨ ▨ ■ MEINUNGSBAUM

Idee

Ein Baum, eine Birke oder um Weihnachten ein leicht veränderter Weihnachtsbaum, steht im Mittelpunkt dieser Aktion.

An ihn sind Mitteilungen angebracht, ggf. auch unter ihn gelegt. In der einen Farbe geben die Mitteilungen Meinungen der Passanten wieder, in der anderen Farbe Meinungen des Veranstalters.

Eine farbige Grundfläche informiert wieder über Motto der Aktion und den Namen des Veranstalters.

Material

- ▨ Baum (ggf. Birke, (Kunst-)Weihnachtsbaum);
- ▨ Karten oder kleine Kartons in verschiedenen Farben;
- ▨ Gewebeplane als kontrastierende Unterlage;
- ▨ Aufklebbares Logo des Veranstalters

Nicht nur Weihnachten ist der Meinungsbaum eine gute Idee, eigene und Gedanken der Passanten anschaulich vorzustellen und damit ins Gespräch zu kommen.

(Stadt- oder Unternehmensteilen) sind Aussagen zugeordnet, die Planungen und/oder Probleme beschreiben. Der Passant ist nun eingeladen, diese Grafik zu betrachten und durch Hinzufügen seiner Meinung (ggf. direkt auf die Gewebeplane oder durch Auflegen von Karten) zu verändern.

Die Aktion ist geeignet, mit Menschen über Planungen und Entwicklungen ins Gespräch zu kommen, Planungsstände zu übermitteln oder Handlungsbedarf aufzuzeigen. Der Plan sollte nicht unter 3 x 5 m groß sein und kann auf einer Gewebeplane mit Filzstift (Edding 850) skizziert sein.

Material

- Gewebeplane;
- Karten;
- wasserfester Filzstift

PLAN ODER MODELL GEMEINSAM GESTALTEN

Idee

Was ist geplant, was soll sich ändern? Pläne haben immer eine ganz besondere Faszination, vor allem dann, wenn man selber eingeladen ist, Veränderungsvorschläge einzubringen.

Im Mittelpunkt dieser Aktion steht ein überdimensional großer Plan, der skizzenhaft die Umrisse einer Stadt mit den Stadtteilen und Hauptverkehrswegen, eines Betriebsgeländes mit den einzelnen Betriebsteilen wiedergibt, oder auch als Grafik die Organisation des Unternehmens oder die Verteilung der Unternehmensteile zeigt. Den hervorgehobenen Teilen

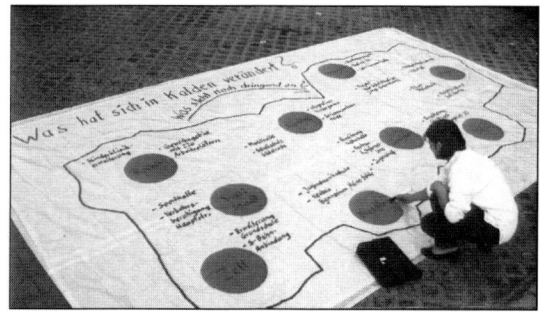

Warum nicht einen Plan auf der Straße auslegen und mit den Kolleginnen und Kollegen gleich vor Ort die weitere Entwicklung erörtern?

■ ■ ■ ROTER FADEN

Idee

Der „rote Faden" politischer Arbeit ist nicht immer gleich leicht zu finden. Diese Aktionsidee macht ihn sichtbar.

Auf einer übergroßen Gewebeplane wird eine rote Linie gezeichnet und mit dem Motto der Aktion: „Der Rote Faden unserer Gewerkschaftsarbeit" sowie durch Textfelder ergänzt, die die wichtigsten Handlungsfelder beschreiben.
Am unteren Eck der ausgelegten (nicht aufgehängten) Plane findet sich das Logo des Veranstalters.

Diese Aktion eignet sich auch gut als Gesprächsaktion. Zwei, drei Akteure sollten unmittelbar an der Plane stehend, sie möglicherweise selber lesend, das Gespräch mit dem verweilenden Passanten durch eine kurze Frage „Was sagen Sie dazu?" suchen.

In Aktionsform bringen wir diesen Gedanken durch ein langes, rotes Seil. Auf einem untergelegten, großen Transparent machen wir den Titel der Aktion sichtbar. An dem Seil befestigen wir die zur bisherigen Praxis und zu den Vorhaben gehörenden Inhalte.

Auch für diese Aktion gilt: Nur wenn das Seil wirklich sehr lang und die Texte richtig groß sind, wirkt die Aktion.

Material

- ■ Gewebeplane;
- ■ Filzstifte;
- ■ Farbige Klebefolie

Diese Aktionsform stellt den Fortgang auf dem Weg zur Entscheidung oder die Prinzipien unseres Handelns unter dem Motto „Roter Faden" vor.

■ ■ ■ RUNDER TISCH AUF DER STRASSE

Idee

Es gibt nicht wenige Menschen, die noch nie einer politischen Veranstaltung persönlich beiwohnten: Mit dieser Idee haben sie die Gelegenheit, eine politische Beratung ohne Aufwand live zu erleben.

Ein Runder Tisch wird vor dem Betrieb oder mitten in der Fußgängerzone aufgebaut. Eine Infowand informiert über das Thema und den Veranstaltungstyp (Runder Tisch: „Wie entwickelt sich die Wirtschaft in Bremen?"), eine weitere über die Diskutanten in der Runde („hier diskutieren... und SIE." /Aufzählung der TeilnehmerInnen).

Der/die ModeratorIn wird das Gespräch in der Runde(!) leiten und immer wieder aufstehen, um sich mit Passanten zu unterhalten, die kurzzeitig zugehört haben, und diese Meinungen in die Runde einzubringen. So wird im Wechselspiel ein Zuhören und Mitwirken möglich. Anders als in der Saalveranstaltung, wird deutlich häufiger (alle 5 Minuten) zusammengefasst.

Die Tischrunde muss keineswegs prominent zusammengesetzt sein. So könnten in unserem Beispiel am Tisch sitzen: VertreterIn der Gewerkschaft, ein Betriebsrat, Vertreter des Wirtschaftsförderungsamtes, VertreterIn der IHK, ein Arbeitsloser, VertreterIn einer Consulting Firma, VertreterIn eines neuen Unternehmens im Gewerbepark, ein Berufsschullehrer. Über die Veranstaltung sollte im Anschluss unser Plakatständer „Haben Sie schon gehört" mit Bild und den wichtigsten Informationen berichten.

Durchführung

Wir bauen einen Runden Tisch mitten auf den Marktplatz. Die Gesprächspartner sitzen in der Runde, vor ihnen ein großes Namensschild mit Funktionszusammenhang. Ein Großflächentransparent oder zwei Stellwände informieren über den Titel und den Typ der Veranstaltung.
Eine kleine Verstärkeranlage möglichst mit mobilem Mikrophon hilft dem/der ModeratorIn.

■ ■ ■ BAUSTEINE FÜR... / STOLPERSTEINE...

Idee

Wie stellt man nur ein komplexes Programm mit vielen, vielen Punkten anschaulich der Öffentlichkeit vor? Ein ganz einfacher Weg könnten 20 und mehr 1 m³ große, würfelförmige Kartons sein. Die Würfel in der einen Farbe geben das Motto der Aktion

Der Runde Tisch auf der Straße ist eine einfach zu organisierende kleine Veranstaltung, die mehr Bürger erreichen kann, als manche Saalveranstaltung.

(„Bausteine unseres Programms für 2010" Ihre Gewerkschaft) wieder, die Würfel in der anderen Farbe tragen die einzelnen Programmpunkte in die Öffentlichkeit.

20 Würfel in der Größe ergeben schon eine spektakuläre Aktion. Alternativ könne eine große Zahl von angeknickten, grauen Würfeln Problempunkte auf dem Weg zur Lösung eines Problems benennen.

Material

- 1 Kubikmeter große Kartons;
- Farbe, Filzstifte;
- Ggf. farbiges Papier zum einschlagen

UNSERE BROSCHÜRE, UNSER PROGRAMM GANZ GROSS

Idee

Ein attraktiver Weg zur Präsentation eines Programms kann auch das Ausrollen einer riesigen Dokumentenrolle sein (z.B. Gewebeplane vom Kern einer Teppichrolle herunter) oder das Aufspannen des Layouts der Titelseite eines Programmheftes sein, zu dessen Füßen unzählige dieser Hefte griffbereit für die Passanten liegen.

Riesige Würfel stellen hier spektakulär ein Programm vor.

Material

- Gewebeplane;
- Rolle;
- Farbe, Filzstifte

UNTERSCHRIFTEN-
SAMMLUNG

Idee

Wer sagt, dass für die Unterschriftensammlung immer nur eine kleiner Tisch auf der Straße stehen muss? Man könnte auch eine lange Dokumentenrolle gestalten, vielleicht sogar zwei, drei Meter breit, auf der sich mitten in der Fußgängerzone Bürgerinnen und Bürger eintragen können.

Material

- Gewebeplane;
- Rolle Papier;
- Filzstifte

WECKERLÄUTEN

Idee

Manchmal muss man wirklich erst einige Leute wecken, bevor sie merken, dass etwas zu tun ist, dass sie möglicherweise ganz bestimmte Rechte haben, die sie kaum nützen, dass der Tarifvertrag für sie mehr hergibt, als sie glauben, usw.

Ein Anlass mehr, mit einer Aktion dem Inhalt zur nötigen Aufmerksamkeit zu verhelfen.

Da reichen schon fünf und mehr große Scheiben (mindestens 1 m Durchmesser), auf die wir einen Wecker skizzieren. Nun könnte man die Wecker per Sprechblase verkünden lassen, worauf zu achten sei oder in anderer Weise die Botschaft visualisieren. Wecker oder Sprechblasen informieren per Logo über den Veranstalter.

Material

- Holz- oder Kunststoffscheiben;
- Filzstifte

WIR BRINGEN ES
AUF DEN PUNKT

Idee

„Wir bringen es auf den Punkt! ABC" steht am Boden auf einer 1 m großen Scheibe auf die strahlenförmig Texte zulaufen, die genauere Auskünfte darüber geben, was zu übermitteln ist. Auf diesen Textbändern sollte zum Teil nochmals der Veranstalter mit Logo genannt sein.

Material

- Kunststoffscheibe aus Lackfolie, Gewebeplane (mindestens 1 m Durchmesser);
- Filzstift;
- aufklebbares Logo

Auf einfache Weise wird hier die Argumentation präsentiert unter dem Motto der Aktion „Wir bringen es auf den Punkt."

◼◼◼◼ WIR BRINGEN ES AUF DEN WEG

Idee

„Wir bringen es auf den Weg" könnte diese Aktion heißen, denn genau das passiert: Auf den Gehsteig, zwischen Parkplatz und Eingang, in die Fußgängerzone oder an andere Stellen, die es vom Platz her zulassen, werden etwa fünf möglichst vier und mehr Meter lange Streifen gelegt. Der erste und letzte trägt das Motto der Aktion und das Logo des Veranstalters. Die mittleren Streifen transportieren die Botschaften. Die Streifen werden wie Zebrastreifen ausgelegt, ohne die Passanten zu blockieren. – Wer kann über diese Texte schon hinwegsehen?

Denkbar wäre z.B. mit dieser Aktion die nächsten Vorhaben des Betriebsrates oder die Inhalte der anstehenden Betriebsversammlung zu übermitteln, aber auch anstehende Forderungen, Programme und Planungen sind denkbar.

Durchführung

Die Aktion kann sich leicht auf eine Stunde beschränken, nach der der ausgelegte Streifen bereits wieder entfernt wird. Ist er aus Kunststoff erstellt, kann er leicht zu weiteren Einsätzen kommen oder an andere GewerkschafterInnen weitergegeben werden.

Spektakulär ist natürlich, wenn der Streifen auf die Fahrbahn gelegt wird. Hier ist nicht das Ordnungsamt zu informieren, sondern eine Absprache mit der Polizei nötig, die nicht die Straße sperren soll, sondern lediglich darauf achten soll, dass das Team, das

Hier ein etwas ironisch gemeinter Themenzebrastreifen im Wintereinsatz.

gerade einen Streifen für ca. 1 Stunde auf der Fahrbahndecke anbringt, nicht von Verkehr überrollt wird. Nach der Befestigung eines jeden Streifens wird die Polizei den Verkehr weiterlaufen lassen.
Achtung: Die Streifen sollten gut befestigt werden! (ggf. hier noch kurz den Rat bei uns einholen. Kontaktadresse im Anhang)

Material

- 5 Streifen á 400 x 40 cm aus Tapete oder Lackfolie/Wachstuch (wenn die Aktion wiederholt eingesetzt werden soll);

- beschriften mit breitem Filzstift (Edding 850);

- befestigen mit Klebeband (Gaffaband) oder Kleister. Bei Einsatz von Rauhfaser reicht oft auch die Tränkung mit Wasser

WIR PFLANZEN EINEN BAUM

Idee

Die Idee ist nicht neu, hat aber einen beachtlichen Symbolwert: Ein Team pflanzt einen Baum. Die zu vermittelnde Botschaft kann ebenso mit Ökologie, wie mit der Erwartung verbunden sein, auf die Dauerhaftigkeit oder Zukunftsorientierung einer Entscheidung hinweisen zu wollen oder einem Jubiläum Perspektive zu geben.

Durchführung

Wir pflanzen einen Baum in Anwesenheit wichtiger Persönlichkeiten und weisen mit einer Tafel auf den Anlass der Aktion hin.

Material

- nicht zu kleiner Baum, ggf. Eiche

WIR SPANNEN EIN SOZIALES NETZ

Idee

Das Soziale Netz gerät immer wieder in die Diskussion, wenn die Finanzkassen leer sind. So richtig ist dann kaum jemandem mehr bewusst, was alles zu ihm gehört, wo sich überall etwas verändert, wer überall betroffen ist, wo es überall Armut gibt.
Trotzdem ist es nicht einfach, derart komplexe Zusammenhänge in die regionalen Medien zu bringen.

Eine anschauliche und in großer Ausfertigung auch spektakuläre Aktion ist die Aktion „Wir spannen ein Soziales Netz".

Große Netze und/oder Netzbahnen werden über einen Fluss oder einen Platz gespannt. Eingefügte Textteile informieren über Inhalte und den Veranstalter.

Durchführung

Für diese anzukündigende Aktion benötigt man ein Team von 3 bis 12 Akteuren, je nach Größe der Aktion.

Material

- große Netze (Teichschutznetze, Netze von Skipisten, Fassadenschutznetze,...) von insgesamt bis zu 1000 m²;

- Seile, Nylonfaden und Heringe oder Nägel mit breiten Köpfen zur Befestigung auch am Boden (z.B. zwischen Platten);

- Transparente in verschiedenen Farben für Informationen (ggf. Lackfolie, Gewebeplane, beschriftete Tücher, usw.);

- ggf. Gewichte für die Transparente;

- Farbe, Filzstifte zur Beschriftung;

- doppelseitiges Klebeband

WIR TAUSCHEN KRIEGSSPIELZEUG

Idee

Wir stehen für eine Friedenspolitik, die sich nicht nur auf laufende·Kriege bezieht, sondern auch die Werterziehung mit einbeziehen will.
Ein Grund für uns darauf hinzuweisen, wie sehr bereits im Kinderzimmer Krieg und Gewalt verherrlicht wird. Eine symbolische Tauschaktion von Kinderspielzeug kann das unterstreichen und Alternativen aufzeigen.

Durchführung

Ankündigen per Pressemitteilung, Plakatständer, Aushang, Themenzebrastreifen, Internet.
Sinnvoll ist zudem die Kooperation mit Kinderschutzorganisationen.

Spektakulär stellt diese Aktion Zusammenhänge des Sozialen Netzes und mögliche Forderungen vor.

WOHNEN AUF DER STRASSE

Idee

Wohnen darf nicht zum Luxus werden. Wir stehen deshalb für Mieterschutz, sozialen Wohnungsbau und eine an Menschen denkende Städteplanung.
Ein Weg, diese Ziele anschaulich zu übermitteln, ist der Aufbau eines kleinen Wohnzimmers mitten auf dem Marktplatz. Eine den Kontrast verstärkende farbige Bodenfläche kann hier gut über Titel, Anliegen und Veranstalter der Aktion informieren.

Durchführung

Eine beiliegende Bodenzeitung sollte zum Dialog einladen

6.3   Veranstaltungen, die Interesse wecken und wirksam sind

Veranstaltungen sind ein nicht zu unterschätzendes Instrument öffentlichkeitswirksamer Arbeit. Sie können einerseits ein Ereignis sein, über das Medien berichten, andererseits ein Ereignis sein, das sich über die Mund-zu-Mund-Propaganda transportiert. Natürlich ist das nur der Fall, wenn der Teilnehmer auf Befragen zuhause, wie es denn gewesen sei, nicht etwa antwortet: Wie immer!

Veranstaltungen können unterschiedlichste Menschen zusammenführen und damit Forum im wahrsten Sinne des Wortes sein. Das setzt voraus, dass unterschiedlichste Menschen nicht nur als Besucher, sondern auch in tragenden Rollen vorgesehen werden. Nicht jeder Referent, nicht jeder Podiumsgast oder Teilnehmer eines Runden Tisches muss Gewerkschaftsmitglied sein oder wenigstens unsere Meinung teilen. Der Disput über ein Thema ist oft eine bessere Werbung für gewerkschaftliches Engagement und für die Bereitschaft zur offenen Auseinandersetzung und zur Findung des besten Weges, als ein sich gegenseitiges auf die Schulter klopfen. Als Gewerkschaften haben wir die Chance und das Vertrauen, in wichtigen gesellschaftlichen Fragen alle Beteiligten an einen Tisch zu bringen.

Das dient der Sache und unseren Anliegen. Wer sich mal die Mühe macht, in einem Archiv Einladungen, Protokolle, Berichterstattungen von Versammlungen der Jahrhundertwende zu studieren, wird schnell merken, dass wir bis heute im Ablauf nur wenig verändert haben. Als hätten vielfältige, zum Teil schon interaktive elektronische Medien und diverse Presseerzeugnisse nichts verändert, tun wir so, als sei die Funktion der Versammlung und der verschiedensten Veranstaltungen gleich geblieben. Wer genau hinsieht, muss sogar feststellen, dass heute im Vergleich oft sogar Einladungen einfallsloser und weniger anregend gestaltet sind, dass die Veranstaltung an Kommunikationswert für den Besucher verloren hat. Das zu verändern ist nicht so schwierig, wenn man sich wieder an die genannten Prinzipien hält:

Auch die Veranstaltung sollte visuell ansprechend und informativ sein. Sie sollte alle (!) Teilnehmer aktiv einbeziehen und so gestaltet sein, dass man im Anschluss noch gerne von ihr spricht. Diese Veränderung beginnt bereits bei der Einladung, die den gleichen Anforderungen unterworfen ist. Veranstaltungen sind heute in Konkurrenz zu Rundfunk und Fernsehen zu sehen. Im Vergleich zu ihnen muss sie bestehen, will man nicht nur jene erreichen, die eben kommen müssen oder zum „harten Kern" gehören. Es gilt also Funktionen zu suchen, die Rundfunk, Fernsehen und die Tageszeitungen nicht erfüllen können. Einige dieser Leistungen sind die Kommunikation auf Augenhöhe und das direkte Erleben. Das setzt natürlich voraus, dass die aktive Einbeziehung der TeilnehmerInnen auch wirklich methodisch vorgesehen wird.

Es gibt Chancen, mehr TeilnehmerInnen zu gewinnen

Immer weniger Bürgerinnen und Bürger gehen in politische Veranstaltungen. Selbst die eigenen Mitglieder zeigen sich wenig motiviert, oft nur durch ihre Funktion oder andere Zwänge zum Kommen veranlasst. So mancher mag noch aus Verbundenheit zur Tradition, manch anderer mangels Alternative die Veranstaltung besuchen. In jedem Fall: Die Teilnehmerzahlen werden geringer. Steht nicht gerade die Sensation an, haben wir nicht gerade DIE Prominenz vorzuweisen, gelingt es Organisationen nur selten, gerade einmal um die 10 % ihrer Mitglieder zur Teilnahme zu bewegen. Trotzdem gibt es Chancen, die es zu nutzen gilt. Eine ist das beachtliche Kommunikationsbedürfnis der Menschen.

Wir wollen und sollten einen Ort der Information, Kommunikation, der Meinungsbildung schaffen, aber auch einen Ort, an dem die Kollegin und der Kollege Politik erlebt, Politikgestaltung nachvollziehen, miterleben kann, einen Ort der zum Engagement, zum eigenen Mittun motiviert. Das muss Konsequenzen für die Gestaltung der Veranstaltungen und der Einladung haben.
Es ist notwendig, die eigenen Veranstaltungsziele zu klären und zugleich über Motive und das Verhalten der potentiellen BesucherInnen nachzudenken und hieraus Konsequenzen für die Gestaltung abzuleiten.

Beides muss kein Widerspruch sein. Gerade die Verknüpfung ist die Herausforderung und wird der Veranstaltung den Erfolg bescheren. Jeder von uns wird an einer Veranstaltung eher teilnehmen, wenn man das Gefühl hat, dort gebraucht zu werden, etwas beitragen zu können, etwas zu erleben, dort „sicher" zu sein und nicht unter Druck zu kommen.

Wir wünschen uns einen Ort, an dem wir leicht miteinander ins Gespräch kommen können, der anregende Gespräche ermöglicht. Alles das könnten Kriterien für die Werbung und Durchführung einer Veranstaltung werden, für die Entwicklung von Ideen, aber auch für die Abwandlung traditioneller Veranstaltungsformen.
Wir sollten bei der Veranstaltungsdurchführung darum bemüht sein, dass jede/r tatsächlich mit jemandem ins Gespräch kommt, dass jeder, der Interesse hat, die Möglichkeit bekommt, ohne Ängste vor vielen Menschen sprechen zu müssen, sich aktiv einbringen kann. Die Veranstaltung wird von den Teilnehmern so sehr viel intensiver erlebt.

Vorbereitung einer Veranstaltung

- Zielsetzung klären;

- Thema formulieren;

- Eigene Erwartungen und Erwartungen der Teilnehmer abwägen;

- über Veranstaltungstyp und -größe entscheiden;

- passenden oder auch ungewöhnlichen Raum suchen und gestalten (Stirnwand für Titel, Logo, Thesen, ansprechende und informative Visualisierung);

- Termin festsetzen;

- Gesprächspartner und interessante Besucher ansprechen;

- Medien schriftlich und mündlich informieren;

- Raumgestaltung klären (Rückwandgestaltung, Nebeninformationen an Wänden, Sitzanordnung, Getränkeversorgung, Technik,...);

- Zielgruppe klären: Einladung ansprechend gestalten und versenden, Vielfalt der eingeladenen BesucherInnen beschreiben;

- andere Werbeinstrumente wie Aktionen, Plakatständerserie (s.u.) einsetzen;

- ggf. Aussteller für kleinen Stand im Raum/Foyer gewinnen;

- eigene Beiträge vorbereiten;

- Medieninformation für anwesende VertreterInnen und späteren Versand (mit Foto) vorbereiten;

- Presse und andere Medien auswerten und ggf. Leserbriefe schreiben;

- Ideen entwickeln, wie kurzzeitig jeder Teilnehmer aktiviert werden kann (60-Sekunden-Nachbargespräch, Bodenzeitung im Foyer, etc.)

Nachfolgend sind einige Ideen für Veranstaltungen kurz beschrieben und zum Teil durch Mustermaterialen ergänzt. Ganz besonders wichtig ist mir die Beschreibung der Idee RUNDER TISCH, die deutlich macht, wie einfach es sein kann, Menschen „von außen" für ein Gespräch zu gewinnen. Diese Idee ist technisch identisch mit den Regeln zur Einladung des geschilderten Empfanges.

■ ■ ■ DIE ANHÖRUNG / HEARING

Idee

Wir kennen das Hearing als parlamentarische Form der Auseinandersetzung mit vielfältigen Meinungen, Informationen, Zugangsweisen und Betroffenheiten. Diese Form der Beratung hat ihren besonderen Reiz in der Gegenüberstellung verschiedener Betrachtungsweisen, setzt aber einen exakten Ablauf voraus.

Durchführung

Wir laden zu unserem Thema Experten, Praktiker und Wissenschaftler, Betroffene und „Querdenker" ein. Sie bekommen eine festgelegte Redezeit für ihr Statement und dürfen nicht miteinander diskutieren (in Gegensatz zur Podiumsdiskussion). Darüber sollte man sie schon bei der Einladung in Kenntnis setzen. Aus dem Hörerkreis können eine bestimmte Anzahl von Rückfragen gestellt werden. Die Veranstaltung schließt vielleicht mit einer Generaldebatte unter den Besuchern und einer Schlussrunde der Gäste, wenn das Bedürfnis besteht.

Beispiel

■ Wird unsere Stadt der Zukunft als Industriestadt und Dienstleistungszentrum gerecht?

Gäste: Industrie, Einzelhandel, Stadtplaner, Gewerkschaften, Arbeitgeber, Medien, Kultur-/Gesundheitsinstitute,...

■ Ideen zur Lage und Verbesserung der Umweltsituation in unserer Stadt

Gäste: Regionalbehörde, Stadtplaner, Industrie, Umweltverband, Umweltamt, Anwohner, ADAC, Verkehrsverbund,...)

■ Wie seniorengerecht ist unsere Gemeinde?

Gäste: Seniorenverband, Wohlfahrtsverband, Altenamt, Stadtplaner, ältere Persönlichkeit, Verkehrsverbund, Kulturinstitute, Einzelhandel/ Banken, Wohnungsbaugenossenschaft,...

■ ■ ■ DIE BERATUNGSBÖRSE

Idee

In den meisten Veranstaltungen kommen nur wenige BesucherInnen wirklich zu Wort. Es scheitert am Zeitbudget, aber auch ganz einfach daran, dass viele nicht den Mut haben, vor einem größeren Zuhörerkreis zu sprechen. Andererseits ist oft wenig Gelegenheit, ganz persönlich interessierende Fragen einzubringen. Die Beratungsbörse nimmt gerade darauf Rücksicht. Sie bietet mehrere Aspekte eines Themas an kleineren Tischen an, die man dort mit einem fachkundigen Gesprächspartner am Tisch erörtern kann.

Durchführung

Die Begrüßung erfolgt im Plenum. Hier werden die Raumaufteilung (viele kleinere Tischrunden), die Gäste (verteilt auf die Tische) und die Themenbezeichnungen (Schilder) auf den Tischen sowie der Verlauf der Veranstaltung vorgestellt.

Anschließend ist Zeit zum Gespräch am kleinen Tisch. Die Ergebnisse abschließend im Plenum kurz in allgemeiner Fassung festgehalten werden, um allen einen Einblick in das gesamte Thema zu geben. Es besteht die Möglichkeit, den Tisch und damit das Thema während der Veranstaltung zu wechseln. Deshalb werden die Getränke nicht gereicht, son-

Einladungsmuster

Einladung zur X-dorfer Beratungsbörse

„TIPS UND ANREGUNGEN FÜR MENSCHEN ÜBER 60"

27 Juni 2010, 18.00 h,
Gasthof Goldene Rose, Xdorf, Marktplatz

Wir laden ein zu Gesprächen und Informationen zu den Themen

- ■ **Wohnen und Wohnformen im Alter**
- ■ **Geldfragen und Finanzhilfen im Alter**
- ■ **Tipps zu Rechtsfragen im Alter**
- ■ **Hilfsangebote zur Erhaltung der Selbständigkeit**

mit interessanten Gesprächspartnern. In Gesprächen mit Experten können Sie sich Tips für den Alltag holen. Man weiß ja nicht alles und verzichtet deshalb auf manche Rechte und Hilfen, ohne es zu wissen. Ein kurzer Abend, der sich lohnt.

BKF Xdorf

Beratungsbörsen sind eine interessante Veranstaltungsalternative mit hohem Gebrauchswert für die Teilnehmer.

dern stehen auf einem Ecktisch zur Verfügung. So kann man sich mit dem Holen eines Getränks auch für einen neuen Tisch entscheiden. Sicherlich benötigt man für diese Veranstaltung mehr GesprächspartnerInnen. Da sie nicht referieren müssen, nicht dem Erwartungsdruck eines großen Zuhörerkreises ausgesetzt sind, sind sie hierfür einerseits leichter zu gewinnen, andererseits tut es hier auch ein nicht ganz so prominenter Gesprächspartner.

Auch bei dieser Veranstaltung sollte die anschließende Medienarbeit nicht vergessen werden. Ihr Inhalt können die Kernprobleme sein, die im Rahmen der Börse bei der Zusammenfassung erörtert wurden.

Beispiele

„Wohnen im Alter in unserer Gemeinde"

Tisch 1	Wohnformen und Wohnprobleme im Alter
Tisch 2	Wohnungsanpassung für ein Leben bis ins höchste Alter
Tisch 3	Tipps zu finanziellen Hilfen vom Wohngeld bis zur Sozialhilfe
Tisch 4	Selbständigkeit im Alter erhalten und welche Hilfen es dazu gibt

„Wie kinderfreundlich ist denn nun unsere Stadt?"

Tisch 1	Kinderbetreuungsangebote – Welche gibt es? Reichen sie?...
Tisch 2	Freizeitgestaltung für Kinder – Stärken und Schwächen vor Ort
Tisch 3	Kinder im Verkehr – Wie ist die Lage, was ist zu tun?
Tisch 4	Wie kinderfreundlich ist unsere Umgebung und was könnte man tun?

DER EMPFANG

Idee

Warum sollten wir politische Inhalte nicht mit einem gesellschaftlichen Ereignis verknüpfen und das dann noch selber organisieren? Die Form des Empfanges bietet vielfältige Möglichkeiten einen Inhalt hervorzuheben, beispielhaft zu untermalen und ihm durch die Anwesenheit der „Persönlichkeiten" auch noch das notwendige Gewicht zu verleihen.
Mit der nachfolgend beschriebenen Idee und ihrem speziellen Einladungsverfahren (s. Muster) wird erreicht, dass deutlich mehr BürgerInnen und auch eigene Mitglieder der Einladung folgen, dass die Veranstaltung zudem zum Gespräch vor Ort wird.

Der Gedanke an sich ist recht einfach: Wir laden zu einem (Neujahrs-) Empfang in unserem Bereich (in der Stadt, im Ort, im Stadtteil, nur auf der Straße) die gesellschaftlich relevanten Gruppen und interessante Einzelpersönlichkeiten ein, wie es auch der Bundespräsident tut.

So wird statt des Bundesvorsitzenden der Künstlervereinigung im ganzen Land bei uns vielleicht nur eine Bewohnerin eingeladen, die für sich und die nähere Umgebung malt, statt des Arbeitgeberpräsidenten, der in unserer Straße wohnende Personalchef von XY-Firma, statt des Gewerkschaftsvorsitzenden, der Vertrauensmann Müller von der Hausnummer 5, statt des Vorsitzenden der Wohlfahrtsverbände, die Frau Huber, die im Altenheim der Kirche und bei der Caritas engagiert ist.
Zusätzlich laden wir interessante Persönlichkeiten ein, wie den ältesten Bürger, einen Sportler, etc.

Durchführung

Der Empfang wird mit wenigen Worten der Begrüßung eröffnet. Hinzu kommen einige Worte, die mit seinem speziellen Charakter zu tun haben (z.B. Neujahrsempfang: Zum vergangenen und neuen Jahr; Generationenpreis: Zum Miteinander von Jung und Alt, dem demographischen Wandel).
Zu den Preisen (durchaus auch beim Neujahrsempfang einer kleiner Preis für Engagement im vergangenen Jahr) wird eine Laudatio gehalten, auf die der oder die PreisträgerIn antwortet. Wir können den Empfang mit kulturellen Teilen untermalen.
Unsere Inhalte transportieren wir über die Laudatio und die Auswahl der PreisträgerInnen, die keinesfalls hochprominent sein müssen, sondern mit ihrem Engagement stellvertretend den Preis erhalten für viele, die Ähnliches tun. Die Laudatio können wir mit Foto später an die Medien weitergeben.

Empfänge sind nicht nur als gesellschaftliches Ereignis, sondern auch zur Vermittlung für politische Botschaften nutzbar.

Beispiele

▨ der Neujahrsempfang;

▨ der Geburtstagsempfang einiger
Betriebsräte oder der Vorsitzenden
mit sozialem Anliegen;

▨ der Empfang zur Verleihung des XY-Preises;

▨ der Empfang zur Verleihung eines
Generationenpreises

▨ ▨ ■ **Beispiel:**
DER GENERATIONENPREIS

Idee

In den nächsten Jahrzehnten wird sich unsere Gesell-
schaft wesentlich verändern. Schon in wenigen
Jahren wird die Mehrzahl der Bevölkerung nicht im
Erwerbsleben stehen.

Die Preisträger
sollten aus verschiedenen Sparten vertreten sein, z.B.:

KULTUR   Ältere, die Kulturgruppe organisiert

WIRTSCHAFT   Betriebsrat, der sich für ältere Kollegen einsetzt

SPORT   Aktiver aus Verein, der für Ältere von Älteren selbstverwaltete
Sportangebote im Programm hat

SOZIALES   Jugendliche/r, der sich für Alte einsetzt

UMWELT   Ältere/Jugendliche, die sich für den Erhalt dieser Welt einsetzen

BILDUNG   Schulklasse/Kindergarten, der sich eine Stunde mit dem
Thema ALTER beschäftigte

Das stellt eine Herausforderung für Politik, Wissenschaft, Wirtschaft, alle gesellschaftlichen Bereiche dar.

Trotzdem fühlen sich viele Ältere heute „abgeschoben", aus dem Arbeitsleben und gesellschaftlichen Leben verdrängt. Nicht viel mehr wird heute der Bedeutung der Jugend beigemessen.

Der Generationenpreis kann durch die Signalwirkung der Preise hier Zeichen setzen:

- es geht um eine moderne Politik für Jung und Alt;

- es geht um die Bereitschaft zum Engagement, um Zivilcourage;

- es geht um eine solidarische Gesellschaft in der sich Junge für Alte, Alte für Junge, jeder in seiner eigenen Generation engagiert;

- es geht bei einer zukunftsweisenden Politik für das Alter, um Wirtschafts-, Verkehrs-, Regional-, Kulturpolitik ebenso, wie um Sozialpolitik

Bewusst wird bei dem Veranstaltungstyp die kommunikative Form des Empfanges gewählt. Trotz des Namens, muss sie keinesfalls aufwendig sein.

Durchführung

Der Ablauf könnte z.B. folgender sein (er wird in der Einladung allerdings nicht ausgewiesen):

- Begrüßung durch den/die Vorsitzende/n in kurzer Form (Hinweise auf die Bedeutung des Generationenthemas, auf die Bedeutung des Engagements und für Jung und Alt, auf das veränderte Bild vom Alter);

- Laudatio auf den III. Preis und Antwort des Preisträgers (Die Laudatio sollte jeweils eine andere Person sprechen, die z.B. dadurch besonders von Interesse ist, dass sie z.B. deutlich jünger/älter als der Preisträger ist; aus einem ganz anderen Arbeitsbereich kommt; ggf. auch prominent ist.);

- Laudatio auf den II. Preis und Antwort des Preisträgers;

- Laudatio auf den I. Preis und Antwort;

- Übergang in formlose Gespräche unter den Veranstaltungsteilnehmern;

- wenn es der Etat zulässt: Rahmenmusik;

- alle Medien inkl. TV und Rundfunk einladen;

- Raum mit Atmosphäre buchen;

- Einladungskarte (s. Muster) erstellen;

- Preise klären;

- Begrüßung und jeweilige Laudatio klären

Nicht zu lange über den Preis nachdenken. Wichtiger ist, dass die Überreichung vor vielen VertreterInnen „gesellschaftlich relevanter Organisationen, Personen und Einrichtungen" erfolgt. Es könnten auch die in einer Lehrwerkstatt zusammengeschmiedeten Buchstaben des Wortes „Generationen" sein.

Die TeilnehmerInnen werden persönlich zu dieser Veranstaltung in der Form des anliegenden Einladungsmusters eingeladen. Zusätzlich sind die Medien eingeladen. Diese kleine Form reicht für den Erfolg der Veranstaltung völlig aus.

Wenn Interesse besteht, der zusätzliche Aufwand keine anderen Aktivitäten beschneidet oder verhindert, kann die Veranstaltung ergänzend öffentlich beworben werden. Notwendig ist das nicht. Es bewirkt kaum ein größeres öffentliches Echo, in keinem Fall in den Medien.

An den Verteiler der geladenen Gäste kommen wir, in dem wir z.B. vier Personen fragen, die üblicherweise mit Jugend-/Alteninitiativen, moderner Jugend- und Altenarbeit zu tun haben. Sie fragen wir, wen sie zu so einer Veranstaltung einladen würden, notieren uns die Vorschläge und suchen später die Adressen hinzu. Der Raum sollte Atmosphäre haben! – Die TeilnehmerInnen sollten nicht wie im Kino sitzen, eher an kleinen Gruppentischen, ggf. im Halbkreis auf den aktiven Punkt hin angeordnet.

Die Rückwand der Veranstaltung sollte groß die Aufschrift/ den Titel der Veranstaltung und das Logo des Veranstalters tragen:

Einladungsmuster

EINLADUNG ZUM EMPFANG

VERLEIHUNG

1. Moerser Generationenpreis

Donnerstag, 15. Juli 2010, 19.00 Uhr
Haus der Kultur, Bürgersaal

Sehr geehrte Frau...
Immer mehr Menschen gehören heute zur älteren Generation. Trotzdem fühlen sich viele Ältere an den Rand der Gesellschaft gedrängt. Ihre Bedeutung, ihr Engagement, die Bedeutung des Themas ALTER überhaupt, wird unzureichend wahrgenommen.

Sehr ähnlich geht es den ganz jungen Menschen. Hier haben Alt und Jung in den vergangenen Jahren viele Gemeinsamkeiten entdeckt.

Wir haben nun Persönlichkeiten, aktive Menschen, Verantwortliche von Einrichtungen und Institutionen eingeladen, die mit dem Thema befasst sind, und deshalb auch ganz besonders Sie.

Wir würden uns freuen, wenn Sie an diesem Empfang teilnehmen würden, in dessen Verlauf wir drei Personen einen Anerkennungspreis für ihr Engagement verleihen wollen.

Willi Huber
Vorsitzender

Susanne Mayr
Vizebürgermeisterin Xdorf

Klara Obermüller
Ältestes Mitglied
der XY... der XY...

Max Klein
jüngstes Mitglied

eingeladen sind u.a.:

Karin Müller	**Jan Erben**
Senioreninitiative 60 PLUS	Verein Sport m Alter
Max Freind	**Josef Martl**
Schülervertreter X-Schule	Pfandfinderjugend
Fritz Schreiner	**Lotte Salm**
Jugendzentrumsinitiative	Wissensbörse Seniorin
Susi Beier	**Ulrike Dewath**
Altenheimleiterin	Rotes Kreuz
Sabine Berg	**Heinz Scholl**
Landtagsabgeordnete	Feuerwehrjugend
Günter Zaun	**Karl Belder**
Kinderfreunde	Kulturinitiative Rund um Xdorf
Monika Linden	**Birgit Schulte**
Vorsitzende	Graue Panther
Sonja Hopf	**Alexander Straub**
Seniorenzeitung xdorf	Seniorenbeirat
Astrid Hof	**Gerd Mill**
Jung u. Alt e.V.	Bürgermeister
Maria Rupert	**Franz Mur**
Essen auf Rädern	Thekenfußballmannschaft AX
Klaus Bilder	**Manuela Varga**
Senioren	ev. Kirchengemeinde

und andere mehr.

ABC Xdorf

„ I. X-DORFER GENERATIONENPREIS"

Dieser Text kann auf die Rückseiten einiger, alter Plakate aufgesprüht sein (ca. 6 Stück).

Die Einladung wird auf normales Papier gedruckt/ kopiert. Sie wird wie eine aufklappbare Karte im Querformat aussehen. Auf der Titelseite steht der Veranstaltungstitel, Termin und Ort, in der Innenseite steht im ersten Absatz etwas zum Inhalt, im zweiten Absatz etwas über die Bedeutung der TeilnehmerInnen und des Lesers, auf der Rückseite unter „eingeladen sind u.a.:" eine Liste von ca. 25 eingeladenen Personen (unter ihnen ca. 5 VertrerInnen unserer Organisation) und am Ende der Herausgeber der Einladung: OrganisationXY. Im letzten Abschnitt des DIN-A4-Bogens kann ein Rückantwortschein beigefügt werden.

Bei der Durchführung des Empfanges, gleichgültig, ob es sich um einen Neujahrsempfang oder einen Empfang zur Verleihung eines Preises geht, sollte darauf geachtet werden, dass die Zahl der Besucher aus der eigenen Organisation keinesfalls 50% überschreiten kann.

DAS ERZÄHL-CAFE

Idee

Es gibt Themen, über die fast jeder etwas erzählen kann, sei es die Erfahrung mit der Schule, mit dem Arbeitsleben, einer bestimmten Zeit (von der einige gehört, sie andere erlebt haben). Zu solchen Themen soll diese Veranstaltung einen Gesprächsort anbieten. So allgemein sie sich zunächst anhören, bieten sie doch vielfältige Möglichkeiten, politische Inhalte, Probleme und Zielsetzungen abzuleiten.

Durchführung

Wir laden zu der Veranstaltung persönlich einige Menschen ein, von denen wir wissen, dass sie zu dem Thema Interessantes zu sagen haben. Durch sie sichern wir ab, dass im Teilnehmerkreis in jedem Fall spannende Erfahrungen vertreten sind.

Die Veranstaltung wird mit einigen Erläuterungen zum Ablauf eröffnet und schließlich mit einer Zusammenfassung beendet.

Sonst gilt es zu moderieren! Es geht also darum, primär mit Hilfe von Fragen, Verknüpfungen und Vergleichen von Wortbeiträgen, das Thema für alle spannend zu entwickeln. Dabei geht es darum, auch gegenläufige Erfahrungen und Interpretationen deutlich werden zu lassen und möglichst viele TeilnehmerInnen aktiv einzubeziehen.

Die Besucher werden auf üblichen Wegen mit Einladungen und über Zeitungen geladen. Hilfreich sind hier auch handgeschriebene Plakatserien (s.u.).

Nach der Veranstaltung sollte wieder eine kurze Medienberichterstattung erfolgen, die möglichst einzelne Beiträge konkret einbezieht.

■ ■ ■ DER FRÜHSCHOPPEN / STAMMTISCH

Idee

Wir kennen den Stammtisch, der bei vielen seine Popularität hat, ebenso aber oft mangels Teilnehmern wieder einschläft.

Wir sollten dennoch auf diese Idee zurückgreifen, sie vielleicht aber durch einige Veränderungen attraktiver machen:

■ Wir könnten Stammtische auf der Straße anbieten.

■ Wir könnten zu einem eigenen Stammtisch mit interessanten Gästen in eine gut besuchte Wirtschaft laden.

■ ■ ■ DER INFORMATIONS-MARKT

Idee

Der Infomarkt besteht aus dem interaktiven Ausstellungteil, einer Aktionsbühne, zeitlich parallelen Veranstaltungsangeboten und einem plenaren Auftakt- und Schlußteil.

Dieser Veranstaltungstyp, auch Interaktionsmarkt genannt, will Menschen ganz unterschiedlicher Interessensschwerpunkte, PraktikerInnen und nur Interessierte, an genauen Erläuterungen Interessierte, wie auch den ansprechen, der nur einen schnellen Überblick gewinnen will oder überhaupt mehr zufällig diese Veranstaltung besucht.

Dieses schwierige Unterfangen wird durch die sehr unterschiedlichen Anforderungsgrade der angebotenen Veranstaltungsteile, manchmal auch das unterschiedliche Maß der erforderlichen Mindestbeteiligung gelöst.

Der Informationsmarkt kann zu unterschiedlichsten Themen realisiert werden, bedarf aber größerer Flächen (Halle, mehrere Räume, Foyer).

Durchführung

Unser Informationsmarkt sei als Beispiel ein „Generationentag". Sein Ausstellungsteil lädt 60 Initiativen, Projekte, Einrichtungen und Institute ein, einen Stand zu bauen, der 3 Kriterien erfüllen muss:

Jeder Stand muss visuelle Reize schaffen, also z.B. Informationen sehr groß sichtbar machen, er muss Beteiligungsanreize bieten, also z.B. jeden Besucher durch eine Aktivität handelnd einbeziehen. Er muss Gesprächsort sein, also eine Sitzgruppe und GesprächspartnerInnen bieten. Als Erweiterung besteht die Möglichkeit ein Nahrungsmittel anzubieten.

Eine Aktionsbühne kann im 10-Minutentakt wechselnden Programmteile und Aussteller vorstellen, Gespräche über Erfahrungen, Meinungen, Inhalte der Aussteller mit ihnen und weiteren Gästen. Das alles wird unterbrochen durch kleine kulturelle Einlagen.

Der Auftakt- und Schlußteil wird so gestaltet, dass er ein Grund zum frühen Kommen oder Verweilen ist. Es kann sich um prominente GastrednerInnen ebenso handeln, wie um eine Preisverleihung.
Der Veranstaltungsteil wird zwei- oder dreizügig organisiert. In jedem Zug wechselt Stunde um Stunde das Programm.

Die vertikale Programmübersicht gliedert sich in Veranstaltungsangebote mit primär informativer, politischer Ausrichtung, mit Ratgeberfunktion, mit kulturellem Angebot bzw. Angeboten unter Einbeziehung der TeilnehmerInnen.
Die Werbung umfasst Falter, ggf. Plakat, Plakatserie, eine in den Medien zu transportierende Aktion.

Einladungsmuster

1. X-DORFER ERZÄHL-CAFÉ

„Was waren das noch für Zeiten?"

Den Haushalt bewältigen
in den 40er, 50er, 60er, 70er Jahren

1. September 2010, 15.00 Uhr
Gasthof Goldenes Rad, X-dorf

Wir alle haben Erfahrungen!
Wir alle können etwas erzählen!

Im Erzähl-Café geht es um Alltagserfahrungen, die wir im Rundgespräch austauschen.

Gäste sind viele Einheimische über alle Generationen hinaus, die vielfältigste, zum Teil hochspannende Erlebnisse mit dem Thema verbindet. Wenn Sie miterzählen wollen oder auch nur zuhören möchten, schauen Sie doch einmal vorbei.

Andrea Müller   **Klaus Maier**

OG-Vorsitzende   Bürgermeister
ABC   und Ehrengast

Wichtig ist zudem die gezielte Einbeziehung von Ausstellern und Aktiven unter dem Aspekt der Besucherwerbung.

■ ■ ■ ■ DIE PODIUMSDISKUSSION

Idee

Sie ist die sicherlich bei den Veranstaltern heute beliebteste Veranstaltungsform, obgleich sie viele Risiken birgt, die man durch die Wahl dieser Veranstaltungsform eigentlich vermeiden wollte.
Die Idee dieses Typs ist die kontroverse Diskussion von Vertretern verschiedener (!) Meinungen (Nicht der gleichen, wie wir es oft organisieren).

Durchführung

Auch hier ist es notwendig, mit einem Fragekonzept gut vorbereitet zu sein, das aber noch flexibel genug ist, um dem Prozess zu folgen. Für den Moderator gilt es hier einerseits zu führen, andererseits zu leiten, indem er fragt, strukturiert, zusammenfasst und anspricht.
Auch die beste Podiumsdiskussion wird heute nur schwer dem Fernsehen konkurrieren können, wenn Sie nicht den Besuchern die Möglichkeit bieten, an der Debatte teilzuhaben. Das ist notwendig und schwierig zugleich.

Die einfachste Idee ist die Anwendung eines Funkmikrofons, mit dem man zwischendurch einfach mal in die Reihen geht und BesucherInnen befragt, was ihnen denn in der vergangenen Stunde durch den

Informationsmärkte sind eine spannende Form der Großveranstaltung, die sich vor allem an Menschen außerhalb der eigenen Organisation richtet.

Kopf gegangen ist, wenn sie die Diskussion im Podium verfolgten. Man muss nicht unbedingt das gesamte Plenum zu Fragen auffordern, um letztlich nur jenen das Wort zu erteilen, die sich immer melden.

Wie anregend interaktiv und kommunikativ eine Podiumsdiskussion gestaltet werden kann, zeigt das Bild einer DGB-Veranstaltung (s. Bild), bei der die Teilnehmer zunächst ihre Meinungen auf eine große Bodenplane schrieben und an großen Puppen ihre Position zu den Kernfragen anbrachten, die Arbeitsgruppen vor Beginn entwickelt hatten.

▪ ▪ ▪ PRO & CONTRA

Idee

Auch dieses Veranstaltungskonzept lebt von der Kreativität der Meinungsverschiedenheit und dem Austausch kontroverser Positionen.

Eine jeweils festgelegte Zahl von ExpertInnen für jede Seite trägt in festgelegter Zeit ihren Standpunkt zu einer These vor. Die BesucherInnen der Veranstaltung können zu Beginn und am Ende über ihre Meinung abstimmen und ggf. im Anschluss die Diskussion mit den Gesprächspartnern fortsetzen.

Durchführung

Die gegensätzlichen Thesen und ihre Hauptargumente werden deutlich visualisiert. Die Sitzanordnung trennt ebenso deutlich Pro- und Contra-VertreterInnen. Jeweils einer trägt zunächst in einem kurzen Statement die Position für Pro und für Contra vor. Anschließend werden die Anwälte „ihre" Experten aufrufen, diese befragen und einer kurzen Befragung durch den „gegnerischen" Anwalt überlassen. Auch diese Argumente lassen sich in ihrem Kern visualisieren.

▪ ▪ ▪ DER RUNDE TISCH

Idee

Das gleichberechtigte Gespräch zwischen persönlich eingeladenen Experten, Betroffenen, Querdenkern und Vertretern des Veranstalters steht im Mittelpunkt dieser Idee. Eingeladen sind primär Personen, die eine berufliche, private, politische Beziehung zum Thema haben.

Sie sind aufgerufen, sich zum Thema zu äußern. Der Moderator fragt, stellt Gemeinsamkeiten und Unterschiede heraus, fasst zusammen oder lässt dies durch Teilnehmer tun. Die Veranstalter halten sich zunächst zurück, hören zu, bringen erst später in kurzen, eigenen Wortbeiträgen ihre Überlegungen in die Diskussion ein.

Die Veranstaltung lebt von den Gemeinsamkeiten und Unterschieden, die deutlich werden. Sie ist einfach zu realisieren und lässt sich nahezu zu jedem Thema anbieten. Ihr Erfolg ist nicht abhängig von der Anzahl der Teilnehmer.

Durchführung

Die Einladung sollte persönlich erfolgen und unbedingt (!) die gleiche Form haben, wie in der Einladung zum Empfang beschrieben: Titelseite mit Daten, Innentext mit sehr kurzer Inhaltsbeschreibung und Beschreibung des eingeladenen Teilnehmerkreises inklusive zweier Unterschriften der Absender, Rückseite mit einer Liste von eingeladenen Gästen (ca. 30) mit Funktionsbezeichnung und das Logo des Veranstalters.
TeilnehmerInnen ohne Funktionszusammenhang unbedingt zuvor persönlich anfragen.

Bei diesem Einladungsverfahren ist damit zu rechnen, dass zwischen 30 und 50% der Eingeladenen der Einladung folgen.

Beispiele

Runder Tisch   „Wie kann unsere Stadt zukunftsorientierte Wirtschaftspolitik betreiben?"

Gäste hier z.B.   IHK VertreterIn, Wirtschaftsförderungsamt, Unternehmenschef , Betriebsrat, Stadtplaner, Einzelhandel, Dienstleistungsunternehmen, Wohnungsbaugesellschaft, Jugendzentrumsvertreter, Künstler, Arbeitsamt, Ratsfraktionen, Marketing-Consult der Nachbarstadt, Buchautor, Ehemaliger Bürgermeister u.a.

So kann eine Podiumsdiskussion visuell ansprechend gestaltet werden.

Andere Themen: „Was wäre unsere Stadt ohne seine Vereine?", „Situation der Alleinerziehenden vor Ort" „Was interessiert Jugendliche heute wirklich?"

■ ■ ■ DAS SENIORENFRÜHSTÜCK

Idee

Wir kennen den Senioren-Nachmittag. Das Seniorenfrühstück stellt eine Alternative dar. Es bietet neben einem kleinen Frühstück einige Gäste, die sich mit den TeilnehmerInnen zunächst nach ihrer Vorstellung zwanglos an den Tischen unterhalten.
In einer zweiten Runde erörtert man gemeinsam im Plenum einige Stichpunkte, die bisher Gegenstand der Gespräche an den Tischen waren und weitere Fragen plenar.

■ ■ ■ DIE TALKSHOW

Idee

Politik kann auch unterhaltsam und zugleich informativ dargeboten werden, wie dieser Veranstaltungstyp zeigen wird. Die Talkshow, vielleicht „X-dorfer Ortsgespräch" genannt, kann dabei Kulturelles mit Politik verbinden. Sie legt bewusst darauf wert, dass die GesprächspartnerInnen sehr unterschiedliche Beziehungen zum Rahmenthema haben.

Durchführung

Zu unserem Rahmenthema (z.B. „Arbeiten in X-dorf") laden wir als GesprächspartnerInnen z.B. eine Arbeitgeberin, GewerkschafterInnen, Müllwerker, eine Künstlerin, einen Schüler, einen Psychologen u.a. zum Gespräch. Zwischendurch sehen wir uns Vergrößerungen von Bildern zum Thema Arbeit an, hören Texte.

Die Veranstaltung führen wir an einem interessanten Ort durch, vielleicht auf der Straße oder in einer Werkhalle, einer Eingangshalle einer Bank oder Verwaltung. Es versteht sich, dass unter den Gesprächspartnern Verantwortungsträger der eigenen Organisation sind. Es versteht sich aber auch, dass der Kreis der GesprächspartnerInnen keinesfalls nur aus der eigenen Organisation und ihrem Umfeld bestehen darf. Bei der Leitung des Gesprächs empfiehlt es sich mit einem Fragekonzept zu arbeiten, das für jeden einige Fragen vorsieht. Zu vermeiden ist auf jeden Fall, dass jede Frage von jedem/jeder beantwortet wird.

■ ■ ■ DIE VORTRAGS- VERANSTALTUNG

Idee

Kernaussagen des Vortrages werden parallel mit Karten (bei größeren Veranstaltungen auf DIN-A3- oder DIN-A4-Bögen) visualisiert und an die Wand oder einer Folie angebracht. Antworten zu Fragen und Einwände lassen sich leicht ergänzen. In jedem Fall sollte es keinen Vortrag geben, in dem die wesentlichen Aussagen des Abends nicht visuell festgehalten werden.

Eine weitere Möglichkeit ist, die Teilnehmer vor Beginn des Vortrages im Zweiergespräch kurz erörtern zu lassen, was sie erwarten, mit dem Thema verbinden. Das erhöht die Konzentration und spätere Beteiligungsbereitschaft. Bei Bedarf kann kurz in die Runde gefragt werden, um was es im Wesentlichen in den Zweiergesprächen ging. Dabei achtet man schon in der Anmoderation auf die Vermeidung von Wiederholungen.

ALLTÄGLICHE VERSAMMLUNGEN ATTRAKTIVER GESTALTEN

Die alltägliche Veranstaltung und die ganz normale Versammlung ist an und für sich die Visitenkarte der Organisation. Auch hier gilt es nicht nur deshalb Veränderungen in der beschriebenen Form vorzunehmen. Das nicht nur zur Erhöhung der eigenen Attraktivität und Effektivität, sondern mehr noch, um die notwendige Erfahrung mit anderen Veranstaltungsabläufen zu gewinnen, um ein Vertrauen bei potentiellen Besuchern aufzubauen, an Veranstaltungen teilnehmen zu können, die etwas bringen und in die

Der „Runde Tisch" ist eine gute Gelegenheit, bei Multiplikatoren außerhalb der Organisation ins Gespräch zu kommen und mehr über Gemeinsamkeiten und Unterschiede zu erfahren.

man sich selber einbringen kann. Es geht um eine andere Veranstaltungs- und damit auch Politikkultur.

Es ist unwahrscheinlich, dass es uns gelingt, kommunikative Aktionsformen und Veranstaltungstypen zur Alltagspraxis werden zu lassen, wenn wir intern bei den traditionellen, frontalen Versammlungsformen bleiben. Woher soll die Erfahrung kommen, die Einsicht in die Machbarkeit?

Komplexe Planungen, auch die einer Veranstaltung oder der Jahresplanung, lassen sich gut mit visuellen Arbeitsformen wie der Moderationsmethode in Sitzungen entwickeln und präsentieren.

6.4 Sozialkulturelle Arbeit, die doch politisch ist

Sozialkulturelle Arbeit stärkt das WIR-Gefühl und hat oft nachhaltigere und emotionalere Wirkungen, als dies vielen Diskussionsveranstaltungen möglich ist. Sie haben eine lange Tradition in der gewerkschaftlichen Arbeit und können ein wichtiger Bestandteil öffentlichkeitswirksamer Arbeit sein.
Politische Arbeit muss nicht nur aus Sitzungen, Pressemitteilungen und Konzeptionen bestehen. Sozialkulturelle Arbeit ist ein zusätzliches Ausdrucksmittel, eine Chance zusätzliche Orte der Nachdenklichkeit und der Kommunikation zu schaffen und damit die gewerkschaftliche, politische Arbeit zu bereichern.

Es geht hier nicht um irgendwelche Feiern, sondern um Ausdrucksformen, die erlebbar und nachempfindbar machen, wer sich, warum, mit welchen Werten für die gleiche Sache einsetzt; aber auch erlebbar zu machen, dass wir nicht nur diskutieren, sondern auch gemeinsam feiern, nachdenklich, kreativ sein können.

Sozialkulturelle Arbeit in einer Organisation schmiedet zusammen und schafft zusätzliche, gemeinsame Erfahrungsebenen. Sie bietet vielen Mitgliedern eigene Betätigungsfelder und oft auch damit einen ganz anderen Einstieg in ein politisches Engagement.

Einige Ideen:

STRASSENFESTE – HALLENFESTE – BÜRGERFESTE

Feste gehören durchaus zum Alltag der politischen Arbeit. Warum sollte man nicht auch gemeinsam feiern können, wenn man schon gemeinsam für eine Sache eintritt und viel Zeit dabei gemeinsam verbringt. Das ist aber kein Grund, Feste in gleicher Weise zu feiern, wie dies möglicherweise auch Organisationen mit ganz anderer Zielsetzung und Wertehaltung tun. „Unsere" Feste sollen Profil haben, in dem sich unsere gemeinsamen Überzeugungen wiederfinden. Deshalb müssen sie nicht verkrampft sein (einstündige Begrüßungsansprache) oder gar steif werden (getanzt wird nur auf der Bühne).

Unsere Feste sollen auch etwas von „der Offenheit" transportieren, erlebbar machen, von der wir so oft reden. Sie sollen auch die Fähigkeit zu selbstkritischer Auseinandersetzung haben, die wir so oft einfordern.

Was gibt es nicht alles für Feste: Kinderfeste, Sommerfeste, Nachbarschaftsfeste, Heimatfeste, Geschichtsfeste, Maifeste, Themenfeste, Sonnwendfeiern, Kleinkunsttreffen, Flohmärkte, usw. Es gibt große und kleine Feste, Feste in Hallen, Sälen, Wohnungen und auf der Straße. Wie schafft man da Profil?

Das Kulturprogramm, der Grad der Einbeziehung der BesucherInnen, die visuellen Eindrücke und vieles mehr kann unser Profil als Organisation erlebbar machen. Gewerkschaftsarbeit lebt von dem gemeinsamen tun, auch das sollte das Fest erlebbar machen und seine Teilnehmer möglichst aktiv einbeziehen.

Einige Ideen:

▦ Wir bieten in Infoecken die Möglichkeit, Meinungen aufzusprühen, Modelle zu verändern, usw.

▦ Wir bieten die Möglichkeit, sich kreativ, sportlich oder anders zu betätigen und auszudrücken.

Wir wollen möglichst viele TeilnehmerInnen gewinnen. Ein Grund mehr, sie schon bei der Vorbereitung und vor allem mit verantwortlichen, tragenden Rollen im Programm einzubauen. So werden sie kommen, möglicherweise auch ihr Umfeld.

Einladungen sollten nicht allgemein gehalten sein. Eine persönliche Ansprache, eine direkte Frage, spricht mehr an. In der Einladung muss ich auch sehen, dass ich nicht allein sein werde, vielleicht der einzige, der nicht engagiert ist, nicht MandatsträgerIn ist, nicht studiert hat, nicht... Die Einladung kann das zum Ausdruck bringen, indem sie unten verschiedene Gastgeber nennt, die nicht nur aus der eigenen Organisation kommen, indem sie auf der Rückseite viele Eingeladene aufführt, die so sind wie DU und ICH oder auch darauf verweist, dass sich in den Räumlichkeiten allgemein bekannte Einrichtungen vorstellen.

Wir sollten nicht mit dem Geld umherwerfen. Warum Getränke bezahlen, wenn sie die Teilnehmer auch zahlen würden. Preise kann ich mir sponsern lassen, die Einladungsplakate können Anzeigen tragen. Die Veranstaltung kann mietpreiszahlende Aussteller vorsehen, für einen Zweck sammeln, usw..

Bei der Organisation ist Teamarbeit gefragt. Dabei sollten Aufgaben visuell festgehalten und in jeder Besprechung wieder an der Wand hängen. Schon bei der Planung kann ich externe Partner beteiligen. Das entlastet und verschafft ihnen einen ersten Einblick.

Wir sollten vor den Entscheidungen einige Schritte gemeinsam gehen:

- Wie ist unsere Situation (Geld, Organisation, Bedürfnisse, Raumbedingungen)?

- Was wollen wir überbringen?

- Wie könnten wir es tun (Ideensammlung)?

- Wie lassen sich die Ideen einbringen und umsetzen?

- Wer macht was?

- Wer könnte auch von außen mithelfen?

AUSSTELLUNGS-ERÖFFNUNG

Idee

Ein politisches Problem oder Ziel lässt sich durchaus mit kreativen Mitteln ausdrücken, in Bildern, Fotos, Skulpturen. Geschichte lässt sich in Dokumenten und Gegenständen zusammentragen. Alles das kann ein Anlass sein, im Team eine Ausstellung vorzubereiten, bei deren Eröffnung auf die Bedeutung des Themas, auf das Ziel hingewiesen wird. Die Ausstellung kann aber ebenso durch TeilnehmerInnen gestaltet sein, die hierzu eingeladen waren.

Die Moderationsmethode ist eine wichtige Hilfe, um anschaulich komplexe Prozesse zu planen und zu präsentieren.

Durchführung

Eine Fotoausstellung zum Thema Alter, zu Problemen unserer Stadt, zum Arbeitsleben, die Geschichte eines Stadtteils oder einer Straße in Bildern, Dokumenten und Materialien, gemalte Bilder über ihre Gemeinde, ihre Sicht von einem Thema, das könnte alles Gegenstand einer Ausstellung sein.

FAHRRAD-RALLYE INFORMATIV UND/ODER AUCH FÜR SOZIALE ZWECKE

Idee

Wir laden ein zu einer Fahrradrallye, deren Zielpunkte Erfolge und Probleme der aktuellen und zurückliegenden Politik veranschaulichen. Startgelder gehen ggf. an eine gemeinnützige Einrichtung.

HOBBYBÖRSE

Idee

Jede/r ist eingeladen, ihr/sein Hobby in einer Halle möglichst aktiv vorzustellen. Verbunden ist diese Ausstellung mit Gesprächen zu Entwicklungstrends im Freizeitverhalten und kleinen Trainingsprogrammen zu einzelnen Freizeitideen. Einbezogen sind Vereine, Verbände, Institutionen, Einzelpersonen und eventuell auch der Handel.

KULTUR DER NACHBARSCHAFT

Idee

Nachbarn sind eingeladen, ihr kulturelles Engagement im Rahmen eines Abends vorzustellen: Sie tragen Gedichte vor, machen Musik, stellen Bilder aus, lesen Ausschnitte aus ihnen wichtigen Büchern, vermitteln noch unbekannte Spiele. In der Eröffnung wird auf die Bedeutung der Nachbarschaft, der Kommunikation im Wohnviertel als städteplanerische Herausforderung ebenso hingewiesen werden können, wie auf veränderte Verhaltensweisen im Freizeitverhalten und Probleme kommunaler Freizeitpolitik.

WETTBEWERB

Idee

Ein Wettbewerb „Alt sein in unserer Stadt", „Probleme unserer Region", „Nachbarschaft leben" und zu anderen Themen bringt in der Regel bei offener Ausschreibung einige Bilder, Fotos, Texte, die ausgewählt und für eine Preisverleihung im Rahmen einer (vielleicht auch eigenen) Veranstaltung zusammengestellt werden können.

■ ■ ■ BUSTOUR MAL ANDERS

Idee

Warum sollten nicht die späteren TeilnehmerInnen einer Tour gefragt werden, welche Punkte eine inhaltliche Tour anfahren müsste. Spannend wird es, wenn zu den Vorschlägen später im Bus verschiedenste Teilnehmer Informationen geben, das schafft Leben im Bus, oft auch Widerspruch aus den hintersten Reihen.

■ ■ ■ BILDUNGSARBEIT ALS DIALOG NACH AUSSEN

Idee

Auch die Bildungsarbeit einer regionalen Organisation kann ein Beitrag zum öffentlichkeitswirksamen Engagement sein.

Einladungsmuster

KULTUR UND NACHBARSCHAFT

„Was wir X- dorfer nicht alles machen.."

Nachbarn
stellen ihre kulturellen
Aktivitäten vor.

1. September 2010, 20.00 Uhr

X-dorfer machen Musik, schreiben
Gedichte, malen, sind in
vielfältiger Weise kulturell aktiv.

Wir gestalten einen Nachmittag nicht
mit Prominenten Künstlern, sondern
mit Nachbarn wie Du und Ich.

Schauen und hören
Sie doch mal herein.

KLAUS OBERMÜLLER   **FRITZ HUBER**
Bürgermeister   OG Vorsitzende

Hier einige Beispiele:

▨ Bildungsveranstaltungen vor können in Kooperation mit einer externen Organisation oder einer Schule realisiert werden. Warum sollten am Vor-Ort-Seminar zur Metaplan-Methode, zum Freien Reden, zur Öffentlichkeitsarbeit, zur Rolle der Frau in der Literatur, nicht auch Gäste außerhalb der Gewerkschaft teilnehmen? Sie gewinnt man leicht über eine öffentliche Ausschreibung in Zeitungen oder per Plakat in der Fußgängerzone.

▨ Ein Kulturnachmittag mit einer Lesung zur Kultur der Arbeitswelt kann durchaus in einem Straßencafé oder einer Schule stattfinden, wenn externe Gäste (in der Schule z.B. Schüler) mit eingeladen sind.

7.0   Der direkte Kontakt

▪ ▪ ▪ ▪ ▪

Der persönliche Kontakt zu Kollegen und Freunden, zu Bürgerinnen und Bürgern leistet oft mehr als es jedem Werbemittel möglich ist. Der direkte Kontakt mit Menschen ist eine nicht zu unterschätzende Größe in unserem Engagement. Dennoch ist es nicht immer möglich, mit jeder Bürgerin und jedem Bürger ins Gespräch zu kommen.

Notwendig ist es aber, dass die Bürger den gesicherten Eindruck gewinnen, dass wir zum Gespräch zur Verfügung stehen, dass sie möglichst unmittelbare Erfahrungen mit Aktiven der Organisation gewinnen.

Auch hier gibt es vielfältige Techniken, von denen viele aber höchst personalintensiv sind. Hier gilt es Prioritäten zu setzen und natürlich bei Nutzung einer dieser Techniken mit Hilfe (eigenen) Medien davon zu berichten.

Es kommt darauf an, einen regelmäßigen Kontakt zu MeinungsträgerInnen zu halten. (z.B. direkter Brief: Ich möchte Sie kurz darüber informieren, dass...) Wir können über die Information hinaus, nach Wegen der Kooperation suchen, nach gemeinsamem Tun oder auch Freiräume für Präsentationen von Personen und wichtigen Organisationen schaffen, wodurch wir unser Interesse an ihrer Arbeit dokumentieren.

▨ ▨ ▨ HAUSBESUCHE

Idee

Hausbesuche sind eine zeitaufwendige aber eine sehr persönliche Form der politischen Kommunikation. Auch hier gilt es die Form mit dem Ziel zu vereinbaren:

▨ Will ich nur einen kurzen Höflichkeitsbesuch machen, zuhören, welche Probleme und Anliegen es gibt?

- Will ich mich über eine veränderte Situation, ein bekanntgewordenes Problem und seine Bewältigung informieren?

- Will ich jemanden überzeugen, informieren,... ?

Es empfiehlt sich den Besuch anzukündigen und inhaltlich im Team vorzubereiten und ggf. mit einer zweiten, vor Ort bekannten Person zu realisieren. Die Besuche zwischen 17 und 20 Uhr durchführen. Für die Gesprächsführung gilt: zuhören, zuhören und Offenes notieren.

ORTSBEGEHUNG / BESICHTIGUNG

Idee

Die Ortsbegehung kann eine interessante, für Nichtmitglieder offene Veranstaltungsform sein, wenn wir sie gestalten und wirksam ankündigen. Ihr Inhalt sollten die Probleme der Menschen vor Ort sein, und die reduzieren wir besser nicht nur auf kommunalpolitische Probleme.
Wie wäre es, wenn wir einen Stadtteil, eine Gemeinde aufsuchen, um dort mit EinwohnerInnen die Lage zu erörtern. Wir lassen *SIE* die Lage vorstellen, laden sie sozusagen als Experten. So können wir z.B. die Anwohner der zu lauten Straße ebenso berichten lassen, wie die örtliche Spedition; die Sozialarbeiterin des Brennpunktes ebenso anhören, wie RentnerInnen zu ihrer Lebenssituation.

DIE BESICHTIGUNG

Idee

Auch sie kann eine kommunikative, offene Veranstaltungsform werden, wenn wir sie entsprechend gestalten. Es empfiehlt sich, sich auf mögliche Inhalte und Gesprächspartner vorzubereiten und doch offen zu sein.
Wir könnten z. B. einen Betrieb besuchen und uns vornehmen, neben Betriebsrat und Geschäftsführung, uns bewusst darauf vorzubereiten, mit zufällig angetroffenen MitarbeiternInnen, z.B. Putzpersonal, Hilfskräfte zu reden, vielleicht auch mit Ruheständlern des Betriebes.
Nach der Besichtigung bietet eine gleichberechtigt gestaltete Gesprächsrunde die Möglichkeit, Anregungen aufzunehmen und für eigene Überlegungen zu werben.

TELEFON-MARKETING

Idee

Telefonarbeit braucht viel Fingerspitzengefühl. Man sollte die Gespräche vorbereiten, nicht rechthaberisch sein, aber argumentativ sicher. Als Einstieg kann ein konkretes Anliegen dienen. Anregungen und Wünsche müssen hinterher sofort bearbeitet werden können.

Für die Organisation ist wichtig:

- Räume, Fragen der Telefontechnik klären,
  Aktion mit Medien begleiten und
  über eigene Verteiler ankündigen;

- Protokoll anfertigen und nach Erledigung
  beseitigen

Anlass auswählen:
Wahl, Projekt

Vorbereitungen im Team treffen:
Welche Regionen suchen wir aus?

8.0 Werbemittel, brauchen wir die noch?

Werbemittel müssen nicht in der Organisation versacken oder zum willkürlichen Streumittel werden.

Beim Verteilen von Kugelschreibern oder ähnlichem Werbematerial gibt es oft Schlangen. Das deutet darauf hin, dass diese Materialien gefragt sind. Dennoch würden wir hier Sparsamkeit empfehlen. Und wenn es dennoch sein muss, sollte die Aufschrift des Kugelschreibers durch den Aufdruck einer Telefonnummer die Kontaktaufnahme erleichtern und zu ihr einladen. Auch könnte eine pfiffig-freche Formulierung immer wieder zum Gespräch herausfordern.

Werbemittel sollten Gesprächsbereitschaft signalisieren und zu den Inhalten passen, sonst werden sie leicht zu einem teuren Instrument, das den Etat für andere Aktivitäten auffrisst. Gut ausgewählt und gezielt eingesetzt, können sie wirkungsvolle Türöffner und freundliche Signale sein.

9.0 Und wie lasse ich das alles vor Ort Wirklichkeit werden?

Mangelnde Öffentlichkeitsarbeit in der Gewerkschaftsarbeit vor Ort und im Betrieb, die zudem noch nach außen gerichtet ist, liegt nicht allein an fehlenden Ideen. Es gibt vielerlei Ängste und Hürden zu überwinden, oft auch mangelnde Informationen und Erfahrungen mit dem Einsatz. Eine Veränderung lässt sich über Vorträge und Präsentationen genauso wenig erzeugen, wie durch den Vertrieb von Gedrucktem.

Wichtig ist die Ermöglichung von erlebbaren Erfahrungen für möglichst viele Multiplikatoren, die anschauliche Präsentation möglichst im Maßstab 1:1.
Wie kann das gehen? Einerseits helfen hier die Seminare „Gewerkschaftsarbeit in der Region" und zur Öffentlichkeitsarbeit in den Gewerkschaftsschulen. Hier wird nicht nur präsentiert, sondern auch unter realen Bedingungen erprobt.

Will man aber gleich Wirkung erzielen, ist es ratsam, sich ein Team an Mitstreitern zu suchen und mit ihm in Absprache mit dem/der Vorsitzenden kleine, erste Praxisübungen vor Ort zu machen.

Erfolge sind die beste Werbung, auch die Erfahrung, dass es Spaß gemacht hat, dass die Kolleginnen und Kollegen, Bürgerinnen und Bürger, viel positiver reagierten, als man zunächst im Team selber für möglich hielt.

Und wenn es noch Unsicherheiten gibt?

Wenn Sie diese Broschüre gelesen haben, können Sie sich jederzeit per Fax, Email, Telefon oder Brief an den Autor wenden und hier erste Entwürfe für Plakate, Aktionen, Veranstaltungseinladungen und -abläufe kostenlos durchsehen lassen. Mancher Tipp hat dann die Umsetzung einer Idee am Ort doch noch möglich gemacht.

Auf jeden Fall gilt:

Der erste Schritt auf dem Weg zu einer kommunikativeren Öffentlichkeitsarbeit mit einfachen Mitteln ist nicht der traditionelle über lange Debatten in Gremien, sondern eher der kleine, informelle Versuch.

▪ ▪ ▪ ▪ DER AKTIONSBUS

Idee

„Der Aktionsbus" zum Schwerpunktthema kann ein entsprechend ausgestatteter PKW eines Aktiven sein, denn so viel wird nicht verändert, dass er nicht am nächsten Tag wieder als Familienkutsche einsetzbar wäre.

In jedem Fall ist er ein wirksames Mittel, erste Erfahrungen im Einsatz mit kommunikativen, einfachen Aktionen, Medien und auch Veranstaltungen zu machen und zugleich in der ganzen Region als Gewerkschaft in kurzer Zeit mal präsent zu sein.

An Bord des „Busses" könnten die Platten einer Plakatserie sein, die wir gleich nach Beginn der Fahrt z.B. in der Nähe einer Berufsschule befestigen. Weiter geht es im Dreierteam, um in der Nähe des Betriebes XY schnell unseren Großcomic zwischen Straßenlampen zu verspannen.

Nun nehmen wir uns eine Stunde, um auf dem Marktplatz an der Bodenzeitung zum Thema „Könnten Sie sich vorstellen, Mitglied einer Gewerkschaft zu werden?" mit Passanten zu reden. Gleich anschließend geht es weiter, um noch vor Schichtwechsel den Themenzebrastreifen vor der Firma XY installiert zu haben. Hier haben wir die Medien zum Fototermin eingeladen und einen kleinen vorbereiteten Pressetext mitgenommen. Ihn bekommen gleich nach der Aktion die nicht vertretenen Zeitungen eingeworfen, nebst Schnellabzug von unseren Bildern.

Und schon geht es auf den Rückweg: Es gilt die Plakatserie, Großcomic und anderes wieder einzusammeln, ggf. für die Plakatserie noch schnell einen neuen Standort zu finden, bevor der Erfahrungsaustausch im Team bei einem kleinen Glas ansteht. Wir sind nun gespannt auf unser Presseecho, denn vielfältige Erfahrungen mit Bürgern haben wir auf einer derartigen Tour nun gemacht, auch mit einigen kleinen, technischen Problemen, wo der nächste Baumarkt meist vortrefflich helfen kann.

Diese kurze Geschichte beschreibt:
Der Aktionsbus kann einfachste Aktionen, Medien und Veranstaltungen an Bord haben, die schnell installiert sind und nicht alle der ständigen Betreuung bedürfen. Also könnten im Wagen sein: Bodenzeitung, Themenzebrastreifen, Plakatserie, Roter-Faden-Aktion, Diskussionstransparent, Großcomic, Aktion „Wir bringen es auf den Punkt" und vielleicht sogar die Grundausstattung für einen Runden Tisch auf der Straße. Besonders wirksam wird die Sache natürlich dann, wenn wir alle Aktionssets gleich am nächsten Tag einem anderen Gewerkschaftsteam weitergeben,

durchaus auch in einer anderen Stadt, denn die meisten Techniken lassen sich wiederholt einsetzen und regen dort neue Ideen und Aktivitäten an. Auch spektakuläre Großaktionen könnten so durch Deutschlands Städte auf Tournee gehen.

10.0 Und woran muss man rechtlich denken?

Die wichtigsten rechtlichen Hinweise zur Umsetzung der Ideen gibt dieser Absatz.

Hier ein Aktionsbus der IGBCE, der so ausgestattet sein kann wie oben geschrieben.

Informationstische, kleine Kundgebungen, Aktionen und Plakate gehören zu einer Demokratie, zur Ausübung des Rechtes auf Demonstrations- und Meinungsfreiheit. Wenn man dieses Recht nutzt, sollte man auch die Rechte anderer bedenken, also z.B. andere nicht unnötig in ihrer Bewegungsfreiheit einengen und private Rechte respektieren.

Es ist ratsam, sich vor Aktionen und beim Auftauchen von Unsicherheiten beim zuständigen Sekretär oder einem befreundeten Anwalt zu informieren. Schade wäre es, voreilig auf eine Aktivität zu verzichten, weil jemand behauptet, das habe es noch nie gegeben und sei daher sicher unzulässig.

Fragen des Veranstaltungswesens, des Natur- und Ortsbildschutzes sind in der Gesetzgebung von Bundesland zu Bundesland oft unterschiedlich geregelt, basieren aber alle auf der gleichen Rechtsprechung. Trotzdem können die Hinweise hier nur grob skizziert werden.

Was ist bei der Nutzung von Fußgängerzonen und Straßen zu berücksichtigen?

Die Nutzung von Fußgängerzonen und Plätzen ist als Sondernutzung öffentlicher Flächen bei der zuständigen Behörde (meist Ordnungsamt) unter Angabe von Ort, Zeit und Umfang der Aktion anzumelden. Nutzungen von Fahrbahnen sollten mit der Polizei abgesprochen werden. Falls Musik gespielt wird, ist dies ebenfalls anzuzeigen und meist mit Gebühren verbunden.

Für den Informationsstand und vergleichbare Aktionen werden in verschiedenen Gemeinden Gebühren für den Antrag und hier und da für die Nutzung des Standortes erhoben. Sie dürfen allerdings in der Höhe in keiner Weise die Durchführung einer derartigen Aktion durch wen auch immer in ihrer Höhe verhindern. Das heißt für so manchen: Verhandeln! Ein Urteil des OLG-Düsseldorf (Az.: 5SsOwi394/97) erlaubt die gebührenfreie Werbung von politischen und religiösen Organisationen in Fußgängerzonen.

Anträge auf einen Informationsstand sind oft an eine bestimmte Fläche gebunden. Aktionen, die unter die Versammlungsfreiheit fallen, und diese möglicherweise ortsübliche Fläche überschreiten, sind dennoch zulässig, müssen aber als solche (Aktion/Versammlung) gekennzeichnet werden.

AUFSTELLUNG VON PLAKATSTÄNDERN

Auch hier ist i.d.R. eine Anmeldungspflicht gegeben. Zudem muss darauf geachtet werden, dass keine Behinderungen erfolgen und keine Verkehrsschilder abgedeckt werden (vor allem in Kreuzungsbereichen). Gemeinden können kein generelles Verbot für das Aufstellen politischer Plakate erlassen. Selbst das Argument des „geschützten Ortsbildes" kann sich nur auf historische Plätze und bestimmte Straßen beziehen. Die Gemeinden sind berechtigt, für das Aufstellen der Ständer Gebühren zu erheben und die Standorte zu regeln. Stehen die Ständer im Rahmen einer Aktion (also auf einige Stunden begrenzt), haben sie oft die gleiche Wirkung und fallen unter die Regelungen der Sondernutzung öffentlicher Flächen im Sinne der Ausübung des Rechtes auf Versammlungsfreiheit. Fast immer ist das im Sinne des Einsatzes der in diesem Heft vorgestellten Ideen der bessere, einfachere und effektivere Weg.

STRASSENFESTE

Zur Benützung von Straßen zu verkehrsfremden Zwecken ist eine Genehmigung im Sinne der Gesetze zur Sondernutzung öffentlicher Flächen einzuholen. Bei der zuständigen Behörde gibt es in der Regel Informationsblätter, die genauere Hinweise geben, was bei Straßenfesten im Detail zu berücksichtigen ist. Hierbei beziehen sich viele Regelungen besonders auf den Verkauf und das Anbieten von Nahrungsmitteln und Getränken oder den Einsatz von Musik (GEMA).

KUNDGEBUNGEN

Sie werden angemeldet, wenn sie größeren Umfang haben und den Straßenverkehr beeinträchtigen. Entsprechende einvernehmliche Absprachen sind mit jeder Polizeibehörde leicht herstellbar. Die rechtlichen Grundlagen GG Art. 8, VersammlG § 15, NdsStrG §18, BayStrWG Art.18I, 21 und andere Gesetze und Verordnungen verpflichten den Staat, Versammlungen unter freiem Himmel zu ermöglichen. Sie müssen spätestens 48 Stunden zuvor angemeldet werden.

FLUGBLÄTTER / PLAKATE

Flugblätter und Plakate müssen im Sinne der medienrechtlichen Regelungen eindeutig den Herausgeber benennen. Die Verteilung von Flugblättern ist jederzeit möglich. Gebühren dürfen hierfür nicht erhoben werden.

Beispiele aus Haltern:

Gewerkschafter proben auf Markt

IGBCE-Mitglieder gestalten effektive Öffentlichkeitsarbeit

„Wir bringen es auf den Punkt" – mit Themen-„Zebrastreifen", einer vier mal drei Meter großen Bodenzeitung, einem überdimensionalen Comic und einer Reihe weiterer Aktionen luden Gewerkschafter der Industriegewerkschaft Bergbau, Chemie, Energie (IG BCE) gestern Morgen Passanten auf dem Marktplatz in der Innenstadt zum Gespräch über das Arbeitsleben und die Bereitschaft zum Engagement ein. Anlass der Aktivität, bei der es vor allem um die Themen Renten, Sozialstaat, Vandalismus und Gewerkschaftsarbeit ging, ist ein Seminar zur Öffentlichkeitsarbeit in der IGBCE-Schule an der Hullerner Straße, an dem zurzeit 20 Teilnehmerinnen und Teilnehmer nach Ideen suchen, wie sich Informationen leichter vermitteln lassen.   Foto: Sadowski

11.0 Literatur- und Beratungsangebote

■ ■ ■ ■ ■

Hier wird eine Literaturliste ebenso angeboten, wie auf Quellen im Internet aufmerksam gemacht. Zudem wird ein Beratungsangebot per Telefon, Fax, E-Mail angeboten.

Akademie für Publizistik Hamburg (Hg.):
„Kleines 1x1 des Journalismus",
Hamburg 1995

Arlt, Hans Jürgen:
Kommunikation, Öffentlichkeit,
Öffentlichkeitsarbeit. PR von gestern, PR für morgen
Das Beispiel Gewerkschaft, Opladen 1998

Avenarius, Horst:
Public Relations. Die Grundform der
gesellschaftlichen Kommunikation.
Darmstadt, 1995

Baerns, Barbara (Hg.):
PR-Erfolgskontrolle, Messen und
Bewerten in der Öffentlichkeitsarbeit.
Verfahren, Strategien, Beispiele,
Frankfurt a.M. 1995

Baringhorst, Sigrid:
Symbolische Politik. Polit. Kampagnen neuen
Typs als Medium kritischer Öffentlichkeit,
in: Transit. Europäische Revue 13,
Frankfurt/M. 1997, S. 44

Benz, Herbert u.a.:
Arbeitsbuch Betriebszeitungen. Chancen
gewerkschaftlicher Gegenöffentlichkeit,
Köln 1994

Bredemeier, Karsten:
Medienpower. Erfolgreiche Kontakte mit
Presse, Funk und Fernsehen.
Düsseldorf/Wien 1994

Christl. Jugenddorfwerk Deutschlands:
Vorteile-Vorurteile-Urteile, Ein Handbuch
zur Öffentlichkeitsarbeit.
Burg-Verlag, Sachsenheim 1996

**Dörrbecker, Klaus /
Fissenewert-Gossmann, Renée :**
Wie Profis PR-Konzeptionen entwickeln.
IMK, Institut für Medienentwicklung und
Kommunikation,
Frankfurt/M: IMK, 1996

Eggerer, W.; Dietl, W.:
Die Nachricht,
München 1990

Friedrich Ebert Stiftung:
Erfolgsfaktor Öffentlichkeitsarbeit.
Ein Leitfaden für die PR-Arbeit von Vereinen
und Verbänden, Bonn o.J.

Göhler, G. (Hrsg.):
Macht der Öffentlichkeit –
Öffentlichkeit der Macht,
Baden-Baden, 1994

Graf-Götz, Friedrich:
Modernes Management in der politischen
Organisationsarbeit, Dr. Karl-Renner-Institut,
Wien, o.J.

Greenpeace:
Das Greenpeacebuch,
München 1996

Greif, Wolfgang u.a.:
Denn sie wissen nicht, was wir tun!
Wien, 1997

Greven, Th. Michael:
Kampagnenpolitik, in: Vorgänge 4/1995

Gstöttner-Hofer, Gerhard u.a.:
Mobilisierung und Kampagnenfähigkeit.
Impulse für die gewerkschaftliche
Interessendurchsetzung,
Wien 1998

Herbst, Dieter:
Public Relations Das professionelle 1x1,
Berlin 1997

Jarchow, Klaus:
Wirklichkeiten, Wahrheiten, Wahrnehmungen,
Bremen 1992

Jasper, Dirk; Ratzke, Dietrich:
So komme ich in die Presse,
Landsberg a.L., 1999

Kalt, Gero (Hg.):
Öffentlichkeitsarbeit und Werbung.
Instrumente, Strategien, Perspektiven.
Frankfurt a.M.: IMK 1991

Meyer, Thomas.:
Die Inszenierung des Scheins. Voraussetzungen und
folgen symbolischer Politik. Essay-Montage.
Frankfurt a.M. 1992

Nafroth, Wolfgang / Zoitl, Helge:
Themen zum Thema machen,
Dr. Karl Renner Institut
Wien 1998

Nafroth, Wolfgang:
Der Infostand – mal ganz anders,
Nafroth PR+Kommunikationsberatung

Nafroth, Wolfgang:
Die Bodenzeitung, etwas Kampagnenfähigkeit und
schon haben wir eine andere Gewerkschaft?!,
in: Greif, W.: Denn sie wissen nicht... s.o.

Nafroth, Wolfgang:
Kampagnen von Gewerkschaften?
Wir sind doch nicht Greenpeace – oder?
in: Gstöttner-Hofer, G.: Mobilisierungs- und
Kampagnenfähigkeit s.o.

Nafroth, Wolfgang:
Wahlkampagne SPÖ-Zell a.S. Dokumentation.
Nafroth PR+Kommunikationsberatung, Berlin 1994

Oellerking, Christian:
Marketingstrategien für Parteien,
Frankfurt a.M. 1988

Peter Radunszki:
Wahlkämpfe. Moderne Wahlkampfführung
als politische Kommunikation, München 1980

Reineke, W., Eisele, E.:
Taschenbuch Öffentlichkeitsarbeit,
Sauer-Verlag, Heidelberg 1994

Roth, Roland:
Demokratie von unten,
Köln 1994

Röttger, Ulrike (Hg.) PR-Kampagnen:
Über die Inszenierung von Öffentlichkeit,
Opladen 1997

Schreiber, A.:
Straßen-, Gassen-, Bürgerfeste,
Ravensburg, 1982

Schulz, Beate:
Strategische Planung von Public Relations, Frankfurt
a.M. 1991

SPD-Arbeitsgemeinschaft 60plus:
Pressedokumentation Bundesweiter
Aktionstag „Aktiv für mehr Arbeitsplätze",
Bonn, 1994

SPD-Parteivorstand:
Anstoß. Handbuch für die Arbeit vor Ort.
Öffentlichkeitsarbeit,
Bonn o.J.

SPD-Parteivorstand:
Feste feiern – Tipps für Bürger,
Straßen- und Sommerfeste,
Bonn 1989

SPÖ-Oberösterreich:
Schwerpunkt Arbeit und Wirtschaft.
Der Einstieg in ein neues Kommunikationszeitalter.
Handbuch zum Wettbewerb der Ortsorganisationen,
Linz 1995

Stamm, K.H.:
Alternative Öffentlichkeitsarbeit.
Erfahrungen neuer sozialer Bewegungen,
Frankfurt a.M., 1988

Voigt, Rüdiger (Hg.):
Politik der Symbole, Opladen 1989

Wangen, Edgar:
Polit-Marketing,, Opladen 1983

Wolf, Klaus-Peter:
Öffentlichkeitsarbeit.
Handbuch für Betrieb und Gewerkschaft,
Köln 1994

Wolf, Werner:
Wahlkampf und Demokratie, Köln 1985

■ ■ ■ BERATUNG / FRAGEN?

Natürlich ist es nicht immer ganz einfach, alle diese Ideen und Überlegungen im eigenen Betrieb aus eigener Kraft zu realisieren. Neben speziellen Fortbildungsangeboten gibt es hierfür eine ganze Reihe von Hilfen.

Es gibt zahlreiche Weiterbildungsangebote der Gewerkschaften und des DGB, die speziell die hier beschriebe Form der betrieblichen Kommunikation vorstellen. Wer daran interessiert ist, meldet sich kurz bei uns oder schaut im Netz unter www.nafroth com, ob hier geeignete Termine angegeben sind.

Noch wirksamer ist es aber meist, das Problem direkt unter den speziellen Bedingungen der eigenen Versammlung anzugehen. Wir bieten hier eine Begleitung des einzelnen Betriebs an. Dies kann auf dem Weg eines mehrstündigen Seminars im Werk vor Ort mit anschließender Begleitung per Fax, E-Mail, Telefonkonferenz erfolgen, bis hin zur gemeinsamen Realisierung einer Muster-Betriebsversammlung. Als besonders effektiv hat sich die erste Form herausgestellt. Sie ermöglicht es, nach und nach Veränderungen vorzunehmen. Das ist nicht so stressig für das eigene Team und führt meist zu einer größeren Nachhaltigkeit.

Seminare zur Moderationsmethode

Wie leitet man eine Sitzung, dass auch wirklich etwas dabei herauskommt? Wie bezieht man alle ein und kann Komplexes in großer Runde beraten? Wir bieten spezielle Seminare an, die zu unserem Profil passend Techniken vermitteln, die mit geringstem Aufwand umsetzbar sind. Fragen Sie doch mal nach.

nafroth.com pr + kommunikationsberatung
Im Dicken Ort 14 A
27283 Verden (Aller)

Telefon: +49 (0)4231 95 65-140
Fax: +49 (0)4231 95 65-139
E-Mail: nafroth@nafroth.com
Internet: www.nafroth.com

Wir schauen kostenlos Entwürfe für Aktionen, Veranstaltungsabläufe, Einladungen und Plakate durch.

■ ■ ■ Autor

Wolfgang Nafroth, Jahrgang 1953

Aus der politischen Erwachsenenbildung kommend befasste er sich viele Jahre haupt- und ehrenamtlich mit der Entwicklung politischer Organisationen, vor allem mit deren flächendeckender Präsenz und Stärke. Heute berät er verschiedenste Organisationen in Mitteleuropa und begleitet Kampagnen deutscher und österreichischer Gewerkschaften ebenso, wie z.B. klassische Wahlkampagnen.

Sein besonderes Augenmerk legt er auf die eigenständige Kampagnenfähigkeit der Organisation in der Fläche mit möglichst geringem personellem, finanziellem und zeitlichem Aufwand und geht dabei andere Wege als die der klassischen Werbung.

Er ist Leiter eines Teams von BeraterInnen.

Platz für Notizen: